ユダヤアークの秘密の蓋を開いて
日本からあわストーリーが始まります

香川宜子
Kagawa Yoshiko

ヒカルランド

まえがき　ユダヤと阿波の超歴史的シンクロニシティ

西暦六〇〇年以前の日本の歴史は、ある一つの事実を隠すために、平安京以前の中心人物によってあらゆる方策が練られ、やがて完全に塗り替えられてしまいました。

聖書には「(自然破壊、環境悪化、戦争等で崩壊しようとする地球の)最期には神の栄光さえ知らない東の日出《いづ》る島の人たちが地球を護《まも》るために歌(音楽)を携え神の栄光を伝えにやってくる」といううくだりがあります。「隠された古代日本」「聖書の言葉」とはいったい何を意味するのでしょうか？　その謎が解き明かされたとき、今までとは全く違う「日本人の宿命」が浮かび上がってきます。

この本は、拙著小説『アヴェ・マリアのヴァイオリン』(KADOKAWA)と、その原典となる自費出版書『ザ・ヴァイオリン』から生まれた副産物で、(株)ファルコホールディングスが発行する『シュネラー』という医学雑誌に四年間連載されたものを一部改編し、一冊にまとめたものです。

二〇一三年暮れ、私は『アヴェ・マリアのヴァイオリン』で小説家デビューすることになりました。八年もの間ひっそりと書架を温めていた『ザ・ヴァイオリン』が、奇跡的に出版社の編集部の目に触れ、その改訂版として出版していただけることになったのです。作家でもなく、新人賞など何もない無名無冠のデビューです。そのいきさつは文中でも触れていますが、すべては神の成せる業《わざ》としか思えない、宝くじに当たるよりも低い確率の偶然が重なって日の目を見ることになったのです。


『アヴェ・マリアのヴァイオリン』はアウシュヴィッツ強制収容所と板東《ばんどう》俘虜《ふりょ》収容所（徳島県鳴門市）を対比させた音楽の物語がテーマになっています。原作『ザ・ヴァイオリン』は英語翻訳本も出版されていたために多数のユダヤ人の目に触れ、「アウシュヴィッツと関係のない日本人がなぜ？」と話題になったそうです。

彼らによると、「この物語は四国剣山《つるぎさん》（徳島県）の神ヤハウエ（ユダヤ人はみだりにヤハウエという名を口にすることを禁じられているため、実際にはアドナイと言うそうです）が、剣山の麓《ふもと》にいるあなたに書かせた作品であり、我々が待ち望んでいた世界の甦りがやっと始まるのだ」とのことですが、宗教や神がかりなことに無縁の私には何のことやらわからないまま、

「いえいえ、そんな大それたものではありませんよ。私はただの田舎のおばちゃん医者です。たまたま、頭に降って湧いた映像を書き留めたまでのことで……」と苦笑いをしながらも、やがて大きな歴史の渦に巻き込まれていくのでした。

それからというもの、元駐日イスラエル大使、エリ・エリヤフ・コーヘン氏やアメリカの正統ユダヤ人たちと、四国の名峰・剣山へ登り、旧約聖書に出て来るアーク（聖櫃《せいひつ》。ソロモンの秘宝）が隠されているという鍾乳洞へと案内されることになりました。そして、日本人でも知らない古代阿波（徳島）の秘密を聞かされるうちに、なぜ阿波の歴史が封印されなければならなかったのか、聖書に隠された日本の宿命とは何だったのかということを知るに至ったのです。

聖書なんて読んだこともなかった私は、「そもそもアークって何？」という疑問を解くために、聖書やユダヤの歴史まで研究する破目になってしまいました。そのうちに、私が望んだわけでもないのに記紀、万葉集、阿波地方史、魏志倭人伝、聖書などを研究されている方々から、書物や書翰《しょかん》が届くようになりました。ユダヤ人や地元の百歳を超える長老たちの証言も加わって、断片的な事柄が一本の線としてつながり、ついにこれらの謎が解明されたのです。

中でも、その鍵を解く発端になったのは、聖書と言霊《ことたま》研究の第一人者、故高根正教《たかねまさのり》氏の書物と、四国剣山顕彰学会の方たちとの出会いでした。そして自分なりに考察を加えて「ザ・ヴァイオリン秘話」というタイトルで前出の医学情報雑誌に連載されるうち、多くの読者（医師、医学教授等）からご好評をいただくようになり、医師から一般の方々へと徐々に広がっていきました。発行元にはバックナンバーの取り寄せが相次ぎ、すっかりご迷惑をかけてしまいました。連載は四年間・十五回にわたりましたが、奇しくもこの期間は『ザ・ヴァイオリン』が『アヴェ・マリアのヴァイオリン』として改訂出版され、「青少年読書感想文全国コンクール・高校の部」の課題図書に選出されるまでの四年間とぴったり一致しているのです。

現在に至っても、世界各地で不穏な情勢が続き、日本でも集団的自衛権や平和憲法の見直しなどを巡って意見が対立しています。「自衛権行使が戦争に加担するということは絶対にない」という安倍総理大臣の発言は、換言すれば、「安倍政権時代にはない」ということかも知れません。同じようなことは、「原発反対」を唱えていながら閣僚になった途端に「原発容認」になってしまう政治家にも言えます。トップの人だけが知り得るような外圧のことには一言も触れません。これら一連の動きには、民衆には「仕方がない」と思わせるように持っていく、まことしやかに仕組まれた軍事産業（軍産）者たちの策略が潜んでいるのかも知れません。戦争とは、将棋の棋士のように、何十手も先を読むことができる者によって計算し尽くされた世界の出来事であり、利益のために無知な民衆を操るシステムなのかも知れず、我々庶民にとって平和とは、まるで出来損ないの弥次郎兵衛《やじろべえ》のようなものです。できるだけ多くの人たちの意識を「神の望む時代」へと方向付けるために生まれたのが『アヴェ・マリアのヴァイオリン』なのかも知れません。平和は、一人でも多くの意識改革があってこそ成し遂げられるもので、困難な道です。

医師という職業柄、神様とか偶然の必然、波動、心理学者ユングの提唱するシンクロニシティ（無意識な集団的共時性）などという分野は笑って無視していたのですが、『ザ・ヴァイオリン』から『アヴェ・マリアのヴァイオリン』へ、そしてそれに付随する多くの不思議なことが、ある方向性を持って動き始めたとき、自然と私の考えも変わらざるを得なくなっていきました。

「復活祭のことをイースター（Easter）と言いますが、イースターの語源は何ですか？」と西洋人に聞いても、およそ知りません。試しに「Easter とは east（東）に er が付いて〝東の人〟という意味です。だから東の果ての我々が復活をもたらせるのですよ」と教えてあげてみてください。きっと感動されますよ。

人々がお互いに尊重と慈愛の中で生きる喜びを感じ、鳥のさえずる自然の声と美しい音楽に溢《あふ》れる世界――そんな神の望む良き世界を迎えるために、東の日出る島の民、つまり我々日本人が使命を持っているということなのです。

せっかくいい大学を出ても自分の思う会社に入れないし、自分の価値を見出せない社会に失望したから、生きている実感を求めようと過激派組織にでも入ってみようか……なんてことは、日本人の価値ではありません。

いろんな苦難や困難、あるいは突然降りかかる災難を乗り越え、そこから教訓を引き出し前向きに生きていくうちに、慈愛や尊重する気持ちが身についてきます。そこまで来てこその「人の価値」なのです。その過程で自分なりに貢献できること、貢献したいと思うことが必ず見えてくるでしょう。いままではそうしたことが、単なる道徳観として語られてきましたが、本書は、難解な聖書に書かれてあることが、神の考えそのものであることを証明し、これからどうすればいいかを皆様に考えていただくというものです。

それでは、ユダヤの歴史と、阿波の国に隠された知られざる数々の秘密を紐解《ひもと》いてみることにしましょう。

日本からあわストーリーが始まります／目次

第二章　イスラエルの滅亡から
日本の歴史が始まるのは偶然ではありません

第三章　有力なユダヤ人も次々と訪れる／剣山《つるぎさん》に隠された伝説

第四章　東の日出《いづ》る島／阿波が「言挙げせぬ隠《こも》り国《く》」になった理由《わけ》

第五章　阿波（徳島）に残る天皇出身地名の謎／伊勢神宮、諏訪大社、下賀茂神社その他の神社の元宮も阿波にある

第六章　イザナギ・イザナミ伝説の痕跡を辿って

第七章　イザナギ、黄泉の国から脱出する

第八章　阿波＝邪馬台国と日神子（卑弥呼）の最期

第九章　ロスチャイルド家と都市伝説

第十章　阿波で蘇《よみがえ》る実在した神話の主人公たち

第十一章　もうひとつの国アルツァアレト　倭建命と聖徳太子の足跡を辿って

第十二章　OUR（阿波）STORY

装丁　重原　隆
校正　麦秋アートセンター
本文仮名書体　文麗仮名（キャップス）

徳島市の神武天皇銅像（日本最古の銅像）

第一章

日本人が書いたユダヤの話に
ユダヤ人が泣いた！
『ザ・ヴァイオリン』は
こうして誕生した

ハリウッドの赤い絨毯《じゅうたん》

ある日の朝方、夢を見ました。しかもカラーで。

真っ赤なハイヒールでレッドカーペットを踏みしめ、ハリウッドアカデミー賞授賞式の舞台に立ち、「ミスター〇〇、ミセス〇〇、アンド〇〇……、サンキューソウマッチ！」と流暢な英語でスピーチを始める私。館内ではシューベルトの「アヴェ・マリア」の生演奏が流れ、なにがしかの男性歌手が歌い、そして、小さなヴァイオリンを持ったたくさんの子どもたちが、万雷の拍手喝采を浴びている……。

夢が覚めてから数日後、本物のアカデミー賞授賞式のテレビ中継がありました。その年ばかりは、まるで他人事ではないくらい気持ちが高ぶって、「〇〇さんサンキューの〇〇には誰々を入れよう……十人では多過ぎるかなあ」などと真剣に悩みました。しかし、大きな落とし穴がありました。脚本賞はあっても原作賞なんてありません！

私は二〇〇八年の暮れに、『ザ・ヴァイオリン―収容所のメロディー』という本を趣味がてら自費出版しました。実は二〇〇五年に『アヴェ・マリアと梵天の子供達』というタイトルで発行していたのですが、出版社の倒産に遭い、再出版してタイトルを変更したものです。それは、この世で最も辛い音楽を奏でさせられたアウシュヴィッツ音楽隊と、この世で最も感動的な音楽の歴史を持つ板東《ばんどう》俘虜《ふりょ》収容所音楽隊の二つを対比した史実にもとづく物語でした。

企画出版という自費出版のようなものですから、そんなに部数は流通していませんが、手に取ってくださった方々から、「ハリウッド映画で見たい」「きっとアカデミー賞も取れると思う」といったファンレターが届くようになりました。

本屋さんにはお菓子を持って挨拶に行かないと店頭に置いてくれません。お医者さんは頭を下げられても頭を下げることはめったにない職業ですから、営業マンの苦しみも味わい、少しずつまっとうな〝人〟の苦難の道を歩くようになっていきました。著作者としての責任上、読者の期待に沿えるようにしなければならないと思うがゆえ、想像を超えた試練もたくさんありました。

現代恋愛小説やコミックはすぐにテレビドラマ化され映画化されていきます。渡辺淳一の『難破船』という絡みばかりの不倫小説は経済新聞に連載された後、子どもが起きている時間帯にテレビ化され、映画にもなりました。

これがいったい読んでなんの肥やしになるのかなぁ、と思うような小説が芥川賞や直木賞などを取っていきます。当時の私は文学賞なるものは、一年間発行された本の中から審査で選ばれるものとばかり思っていましたから、とにかく発行すりゃいいのだ、くらいにしか思っていませんでした。ところが、同人誌のようなものに頻繁に投稿している人の中から選ばれるのです。新聞紙上に作品募集の記事が載らないのは当たり前だったのです。でも、私はこの人たちには負けないという自負がありました。それは、登場人物のハンナのモデルが本物だったからです。

ハンナのために頑張ろうと思いました。大きな本屋さんに行っては、店員が見てないうちに〝当店の売り上げナンバー・ワン〟と書かれた陳列棚にさっと置いてみたり、縦に並んだ本を横に平積みにしてみたり——そんな姑息なことをやりながら、なんて惨めなんだろう、やっぱり医者が一番いいのかなぁ、などと思うばかりでした。

やがて、ある人の紹介により、音楽付きの朗読で毎日十五分間のラジオ番組として一ヶ月間放送されることになりました。そのあと、ラジオ局の部長が気に入ってくださり、ラジオドラマにどうだろうという打診がありましたが、「有能な脚本家を雇うお金もなければ監督もいないから、香川先生やって頂戴、声優だけはいるから……」ということで、全くのボランティアで脚本から監督までしてしまうことになったのです。

百七十ページの本をたった二十五枚の脚本原稿にまとめなくてはなりません。作者にとっては、どのシーンも捨てがたいのですが、ばっさばっさと切り捨てていきます。声優たちは昼の仕事をしているため、夜になるとどこからともなく集まってきます。彼らは初めから上手いものと思いきや、声はともかく、監督（私）の思い描くような雰囲気になかなか仕上がりません。こちらが演技して伝えたり、配役を変えたりしたこともありましたが、一年間の練習を積みながらやっと収録が完了しました。

ラジオドラマの監督でも相当面白かったから映画監督なんて病みつきになると思います。しかし悲しいかな、ラジオ人口なんて少数です。その中でたまたま聞いた人はほんのわずかだったことでしょう。でも見事、中央のラジオ協会からこの世に残すべき優良作品として、永久保存版に認定されました。しかし、田舎での快進撃はそこまでです。

処女作『ザ・ヴァイオリン』

不思議な国のよしこさん

やがて、本物のハリウッドプロデューサーをしていたことのある日本在住のアメリカ人や、日米合作映画を作る日本映画の人などから、いい物語だからやってみたいというオファーがありました。ところがリーマンショックだとか、米国脚本家協会のストライキだとか、いろんな向かい風が吹き荒れて延期につぐ延期で中断されてしまいました。

しばらくするうちに、英語翻訳原稿が仕上がってきました。その校正段階を踏んでいたとき、某ユダヤ人社長から翻訳原稿を見たいので送ってほしいという依頼がありました。そのタイトル『アヴェ・マリアと梵天の子供たち』を見たユダヤ人社長は、

「ユダヤにはキリスト系ユダヤ教と正統ユダヤ教があって、正統ユダヤはイエス・キリストを認めていません。当然その母であるマリアも認めていないので、このタイトルはいかがなものか……」と言うのです。

なかなか難しい宗教の壁に直面してしまいました。聖書を読んだことのない私は、旧約聖書・新約聖書などを読み漁《あさ》りました。たとえフィクションだとはいえ、ひとつでも間違いがあれば、「それみろ、うそつきユダヤ人め。アウシュヴィッツなんか、なかったんだ！」という

バッシングにあうので、非常に厳しく審査されました。それでも、本を読んだユダヤ人社長は、三日三晩泣き通したそうです。

（そんなに泣く話かなあ……？）

書いた本人はその程度なのですが、さすがユダヤ人です。タイトルを『アヴェ・マリアと梵天の子供達』から『The Violin』に変更し、「アヴェ・マリアはシューベルトの音楽であり宗教上のものではありません」と注釈をつけ、表紙には「based on true story」（本当にあった話に基づいています）と書き添えることを条件にOKをいただきました。

こうして本は大物ユダヤ人の手元へと紹介されていきました。ところが、手から手に渡るとき、いつも同じ質問をされるそうです。

「なぜ日本人が我々ユダヤの話を書いたんだ？　まことに不思議な国のよしこさんだ」と。

すごく不思議でならないそうです。

しばらくしてユダヤ人たちが私を誘い、徳島のあちこちに連れて行くのでした。それが不思議な不思議な、日本の始まりの歴史を紐解《ひもと》くきっかけになり、はたまた、徳島に住んでいる日本人の私がなぜユダヤの話を書いたのか？　脈々と繋がる二千五百年前に行方知れずとなったアーク（ソロモンの秘宝）のパワーやヤハウエの神の気が私に乗り移ったのではないか？　と思えるような快進撃が始まって行くのでした。

ここから「不思議な国のよしこさん」としての運命が開けていきます。その運の開け方はまるで、神ヤハウエの力を借りて、海を割りエジプト捕囚のユダヤ人をイスラエルに連れ帰ったモーゼのような勢いです。無信仰の私でさえ、ひょっとして神様は本当にいるのではないだろうかと考えざるを得ないほどになっていきます。

第二章

イスラエルの滅亡から日本の歴史が始まるのは偶然ではありません

日本人が単一民族（本当は単一民族ではありません。それはのちほど……）というわりには、日本の始まりがわからないというのは不思議だと思いませんか？　西暦六〇〇年以前の歴史はどうだったのか。明日香村《あすかむら》の前には都がどこにあって、倭国や邪馬台国*がどこにあったのかもいまだに分からないなんて、そんな不思議なことがあるでしょうか？

＊一般的に「邪馬台国」とされていますが、正しくは「邪馬臺国」と書き、「ヤマトコク」と読みます。本書では紛らわしさを避ける意味で邪馬台国と書き進めます。

磯上乃古事記《いそがみのふることふみ》／古事記は日本発祥の地「磯上乃古国」の出来事を記したもの

七一二年（和銅五）、「偽りを削り、真を定め後世に伝えんと欲す」という勅命が発せられました。奈良（大和《やまと》＝大倭《おおやまと》）に移住した後に、ようやく都の基礎が固まった大和朝廷の天武天皇が、いにしえの先帝たちの歴史を正しく伝えんがために『磯上乃古事記《いそがみのふることふみ》』を編纂《へんさん》しました。私たちは単純に『古事記』と言っていますが、正式名は『磯上乃古事記』なのです。

ところが、わが国の国号が「日本《にっぽん》」になったのは六〇三年、小治田宮《おはりだのみや》（推古天皇）――聖徳太子の時代ですから、七一二年には『日本乃古事記』と題名が付けられてもおかしくないのですが、そうではなく、磯上乃古事記と題したのは『古事記』が日本全体の歴史ではなかったということなのです。『古事記』は古代日本の発祥地「磯上乃古国」の出来事を記した歴史書だという認識を持たなければなりません。(『道は阿波より始まる』より)

現代ではイザナギやイザナミ、神武天皇などは、みんな伝説上の人物とされています。語り部の稗田阿礼《ひえだのあれ》は大嘘つきの小説家だったとでもいうのでしょうか。日本の始まりは近畿だ、出雲だ、九州だなどと説が分かれていて、それぞれの地方は、それをあてに商売しているものですから今さら引っ込みがつきません。主義主張はむなしく繰り返され、歴史学者はどんな資料を根拠に論じているのかさえも定かではありません。

そんなことより、ユダヤ人がどんな情報を教えてくれたかを早くお話ししたいのですが、その前に、これからお話しするユダヤ人と日本人の関係は、旧約聖書が分かっていなければ理解しにくいため、そこから始めるとしましょう。

日本人とユダヤ人は何らかの繋がりがあるかも知れないと言われています。よく調べていくと確かに関係はあるのですが、現在の日本人は、いろいろな民族とシャッフルされたＤＮＡの一部にしか過ぎないと思って読んでいって下さいね。話は三千五百年以上昔にさかのぼります。

旧約聖書とアラブ世界が日本とリンクする不思議

メソポタミア地方のウルという町に住んでいたアブラハムは、一族とともに安住の地を求めて旅に出ました。

旅の途中で「お父さんが病気で死んで困っています」と神様に告げたところ、「アブラハムよ、お前はカナン（現在のパレスティナ）へ行け、そうすれば、お前を大きな国の祖にしてやろう」と言われました。

長い旅の末、やっとの思いでカナンに着いたものの、そこは豊かな土地ではありませんでした。なかなか子宝にも恵まれず、仕方なく妻サラの女奴隷、ハガルとの間にイシュマルという男児が生まれました（ちなみにアラブ人はイシュマルを自分たちの祖先だと信じています）。

アブラハムが一〇〇歳になったとき、妻サラとの間にようやく一人息子、イサクが産まれます。ところが、神様はイサクを生け贄にするよう命じたのでした。アブラハムがモリヤ山の祭壇の上でイサクを殺そうとしたそのとき、アブラハムの忠誠心を悟った神様は、彼を救いの主人公とすることにしました

面白いことに、長野県の守屋山《もりや》の麓にある諏訪大社には、この話と同じような行事「御頭《おんとう》

祭《さい》」があります。アブラハムの父テラの出生地はタガーマ州のハラン町です。どこかで聞いたことがありませんか？　これを漢字にすると高天原（たかまがはら）となります。

一命を取り留めたイサクには、エソウとヤコブという男子が生まれ、ヤコブには十二人の男子が生まれました。あるときヤコブは天使と相撲をとり、みごと打ち負かしました。天使は「これからは、神様と戦う者という意味で、〝イスラエル〟と名乗りなさい」と言いました。この天使と相撲をとったのが「相撲」の起源で、相手が神様の使者なので神事となるわけです。日本の相撲で行司が「ハッケヨイ、ノコッタノコッタ」と言うでしょ。単なる掛け声だと思われていますが、古代ヘブライ語で「ハッケ」は撃ってしまえ、「ヨイ」はやっつけろ、「ノコッタ」は、あなたは敵を打ち破った、という意味だそうです。なぜ、日本だけ神事として相撲が定着したのでしょうか。不思議ですね……。

「イスラエル」と改名したヤコブの家系は「イスラエル十二支族」と呼ばれるようになりました。それぞれに次のような独自の気質があります。祭祀を司るレビ族もいましたが、普通はヨセフの二人の息子、マナセとエフラムを数えて十二支族とします。

・威厳があり奔放なルベン族

・暴虐的なシメオン族
・指導力があり王権のあるユダ族（たしか、ベン・ハーはユダ族だったと思います）
・マムシのように狡猾的なダン族
・美人系で善良なナフタリ族（イスラエル国家の歌詞を作った人の家系）
・防衛的で正義感に富むカド族（日本はこのカド族が中心になっていると言われ、御《ミ》カド族だから「ミカド」。カド族の最初に生まれた長男の名前を「ニェッポン」と言います！）
・王の食卓に美食を供える穏やかなアシュエル族
・ロバのようにたくましいイッカサル族
・海辺に住み船の管理をするゼブルン族
・好戦的なベニヤミン族（ネタニヤフ元首相はベニヤミン族出身と言われています）
・大自然の祝福と恩恵を受けたマナセ族
・国々の民をことごとく突き倒していくエフラム族

旧約聖書の中心人物ヨセフとモーゼ

ヤコブと息子たちはイスラエル南部のネゲブで暮らしていましたが、ヤコブはヨセフだけを溺愛したので、他の兄弟にねたまれ、十七歳のときに奴隷としてエジプトに売られてしまいます。エジプト高官の召使になったヨセフは、主人《あるじ》の妻から情事に誘われましたが、これを断ったために逆恨みされ投獄されてしまいます。しかし監獄長から信頼される囚人として、副官的立場になります。

その二年後、エジプト王が変な夢を見たとき、なぜこんな夢を見たのかいろんな知恵者に聞いてみたけれど、誰ももっともらしい答えを返せません。そこでヨセフは、来《きた》る七年の豊作と七年の凶作を予言すると同時にその対策も提言したので、王は彼の能力を信頼して首相に任命しました。

彼の予言は的中し、大凶作に見舞われたときでも、エジプトだけは十分な備蓄があったため深刻な被害に遭うことはありませんでした。そして、ヨセフの兄弟が飢餓に襲われ食料を求めてエジプトまで来てみると、まさかのヨセフが首相になっていました。兄弟は和解し、エジプト王は「一族が苦しんでいるなら、みんなもエジプトで暮らせばいい」と言ってナイル川と現在のスエズ運河に挟まれた「ゴセン」の地を与えました。

十万の民はゴセンで豊かに暮らしていましたが、ヨセフが死ぬと、経緯《いきさつ》を知らない新エジプト王は十二支族を迫害し、彼らは四百年間にわたり奴隷となっていくのです。迫害が頂点に達した紀元前十四世紀、ハリウッド映画の『十戒』でおなじみのモーゼがレビ族から誕生します。

モーゼは、エジプト王女に拾われ養子になります。あるときモーゼは、自分には王となる資格があるという出生の秘密を知り、同胞を救うことを使命とします。『旧約聖書』によると、「モーゼは神の使命を受けた」ということになっています。まあ、突き動かされる使命感を持った人物というのは、「神の使命を受けた人」なのかもしれません。

モーゼが神の力を借りて奇跡を起こしながら十万の民をイスラエルに連れ帰るまでの話『出エジプト記』が旧約聖書です（新約聖書はその後のイエス・キリストの話です）。その中に、一夜にしてエジプト中の長子が死亡するという「過ぎ越し事件」というのがあります。ユダヤ人と非ユダヤ人を識別するため、ユダヤ人の玄関、鴨居《かもい》、柱には羊の血を塗っておくというものです。それが日本の朱色に塗られた鳥居の由来で、「トリイ」は古代ヘブライ語で「門」という意味です。

十二支族とヤハウエの民の約束の地カナンは日本

かくしてエジプトを脱出した十二支族でしたが、シナイ山の麓まで来たとき、山に登ったモーゼはヤハウエの神に会い「十戒」を授かります。そのときモーゼが「本当に神はいらっしゃるのですか？」と尋ねると、神様は「エヘイエ・アシェル・エヘイエ（我は在りて在るものである)」と答えます。それと同じ言葉が天皇の三種の神器のひとつ「八咫《やた》の鏡」の裏面に古代ヘブライ語で刻まれています。どうしてなのでしょう……。

モーゼは雄弁ではなかったため、兄のアロンがモーゼに代わって民衆の前で神のお告げを喋ったのですが、そのアロンの子孫が元駐日イスラエル大使エリ・エリヤフ・コーヘン氏です。アロンの家系なので他のイスラエル大使とは格が違い、世界のユダヤ人からも特別に扱われる存在なのです。

この「十戒」を基本として、多くの厳しい戒律を加えたのが「ユダヤ教」ですが、あまりにも厳し過ぎたため、これを打ち壊したのがイエスです。それが原因で磔《はりつけ》の刑になり、磔にされたことでイエス・キリストの存在が知られるようになって、イスラエルの神ヤハウエは、世界万人の神となったのです。

十二支族が荒野を四十年間さまよううちにエジプトは弱体化し、彼らはエジプトの支配下にあったカナン(パレスチナ)に到着しました。このカナンこそ、神が与えると約束した「乳と蜜が流れる地」だったのです。

ちなみに、古代の日本は「豊葦原瑞穂国《とよあしはらのみずほのくに》」とも言われていました。古代ヘブライ語で東方の日出《ひい》ずる国のことを、「ミズホラ」と言い、約束の地カナンのことを「アシハラ」と言います。だから、日本は「東方の日出る国、約束の地カナン」ということになるのです。

羊飼いのダビデの黄金の七十年から民族離散へ

十二支族の中のベニヤミン族出身のサウルは外敵と何度も戦い、イスラエル支族連合の初代の王となりました。やがてペリシテ人との苦戦が続き、民衆の支持率も低下していった頃、頭角を現したのが羊飼いのダビデです。ダビデはイスラエル南方支族連合の王となり、ペリシテ人を撃破しながら周辺諸国を制圧していきました。

イスラエル北方支族はサウル王の子、イシバアルが引き継いでいましたが、イシバアルが亡くなり、サウル王の娘を妻としたダビデは、北方支族連合の総意のもとで、紀元前九九三年に十二支族二代目の王となったのです。

ダビデはユーフラテス川からエジプト国境までの大イスラエル王国を築き、近隣諸国と友好条約を結ぶなど、したたかな外交術で国家に繁栄をもたらしました。しかし、彼は人妻を誘惑しては関係を結び、その夫を戦死させるといったこともしたそうですよ。

その後、異母弟のソロモンがダビデの跡を継ぎます。ソロモンは、エルサレムのモリヤの丘にソロモン第一神殿を造営し、そこに「十戒が刻まれた石板」、「アロンの杖」、「マナの壺」を収めた契約の箱「アーク」（一三六頁参照）を安置し、民族の宗教的中心地としました。

こうして貿易も盛んになり、イスラエルはかつてない繁栄を極めていくのでした。しかし、それを維持するための重税によって、イスラエルは北イスラエル十支族と南イスラエル二支族に分断されることになり、ダビデが築いた黄金の時代はわずか七十年で崩れてしまいます。北イスラエルは、独立から二百年後の紀元前七二二年にアッシリア帝国に滅ぼされ、民は奴隷としてアッシリアに連行されたのち、二度と帰ってくることはありませんでした。それが「失われた十支族」と呼ばれるようになり、今でもイスラエルのアミシャブ特務機関が世界中でその子孫がどこにいるのか探索を続けています。

一方、南イスラエルの南ユダ王国は伝統的にダビデの王統として重視されたために、王家の血統が長く保たれていました。しかし、ここでもアッシリアの圧迫が強く、その影響で異教化が進んでしまいました。そののち、南イスラエルは新バビロニア帝国に滅ぼされ、全員が「バビロン捕囚」となって連行されましたが、新バビロニア帝国が崩壊した際には解放され、イスラエルに帰還してエルサレムに「第二神殿」を再建した――というのが旧約聖書とその後に続くイスラエルの歴史です。イスラエルの滅亡からほどなくして日本の歴史が始まります。

日本の歴史誕生秘話

天皇家のマークや日本のパスポートは、いずれも十六花弁菊花紋で、エルサレム門にも王家の石室にも同じ印が付いています。さらに、伊勢神宮の灯籠にもダビデの六芒星（ユダヤのマーク）と、十六花弁菊花紋があしらわれています。

『古事記』に登場するイザナギは古代ヘブライ語で「イシュァナギ」と発音し、「守りたまえ、ダビデの王統を」、イザナミは「イシュァナミ」と発音し、「守りたまえ、ナミの血筋を」という意味です。イザナミの「ナミ」はダビデの祖母の名前です。やがて登場する神武天皇の本当の名前は「カムヤマトイワレビコノミコト」といい、古代ヘブライ語で「神の選民を集めた偉大な開拓者」という意味です。どうしてなのか不思議でしょう。

天石門別八倉比賣神社奥の院の五角形祭壇。向かって左手前が、日本最大級のパワースポット

私の家の近くにある徳島の天石門《あまのいわと》別《わけ》八《や》倉《くら》比《ひ》賣《め》神社の奥の院（前頁参照）には、卑弥呼の祭壇と呼ばれる青石で組まれた五角形の建造物があり、その道すがらには五芒星の灯籠や五角形の井戸があります。この奥の院は、日本で最も強い気を感じる超パワースポットとして知られています。ちなみに祭壇に向かって左斜め手前の位置が最強で、天照大御神《あまてらすおおみかみ》（卑弥呼、日神子）の気が降臨する場所だそうです。私は残念ながらそういうのはまったくわからないのですが、大抵の人はかなり強烈な「気のパワー」を感じるそうです。そこら中の人に、どういうものなのか聞いてみると、誰もが「静まり返ったような深い静寂さの中に、心は一切の邪念などよぎることなく、まさに無になり、重く地に足が付いたような重力感を身体全体に感じる」と言うのです。そしてこれだけの引力は他では感じられないほどだと言います。

伊勢神宮の仰々しいくらいのアミューズメント的神事に人々はご利益を求め、いつも多くの参拝客で賑わっています。見事な太い幹の木陰からまっすぐに射す木漏れ日は実にさわやかで、巫女さんの鮮や

伊勢神宮の灯籠

かな舞と雅楽の音色は、これがきっと日本の風雅なんだろうなあと感じさせる、清々《すがすが》しさのあるいいところです。赤福餅もいっぱい買って心は満足、また行きたいところでした。ただ、ある知人のおかげで一般礼拝の人が入れないところまで特別に案内されたとき、どの位置にも八倉比賣神社のようなしっとり、ずっしりとした重い「気」を感じるところはありませんでした。

天武八年五月六日、伊勢神宮は大和朝廷吉野宮の会盟による大秘密政策の一つとして、八倉比賣神社を隠すために造られたとも言われています。

『阿波国徴古雑抄《あわこくちょうこざつしょう》』という古文書には、平安後期の延久二年六月十八日の太政官符に「八倉比賣神の祈年月次祭は邦国之大典也」と、奉幣を怠った阿波国司を厳しく叱っている記載があり、これをみても神威のただならない様子、日本一の大典《たいてん》行事であったことが分かります。伊勢神宮は、明治時代になって、大日本帝国政府により全国の神社の頂点に指定されたことで今があるのです

それまで私は、伊勢神宮とは、後の世に天皇の勢力が大きくなって、それなりの神事を行う場所として新たに必要になった場所であり、遷都に伴う新しい施設としても大切なのだと思っていました。しかし、よく調べてみると、徳島の鮎喰《あくい》川西岸から国道一九二号線以南の広大な国府町《こくふちょう》一帯を越え、更に川を越え、入田町《にゅうたちょう》の四国霊場札所大日寺《ふだしょだいにちじ》を含む範囲までが古代の八倉比賣神社の社寺であり、今の伊勢神宮以上に大きな所領があったところでした。それが戦後の

領地払い下げによって、なんとまあ、気延山《きのべやま》の端っこの誰も振り向かない哀れなほど小さな古宮のみになってしまっていたのです。

気延山は国府町矢野神領、日本随一、一挙に二百基の大古墳群を抱えていて、卑弥呼の本当の塚は気延山の山頂（二百十三・三メートル）にあります。『魏志倭人伝』には塚の高さが山の高さになるため記載されていないのです。塚の長径は百歩《ぶ》ちょいくらいで、『魏志倭人伝』による卑弥呼の塚の記載「卑弥呼以死大作塚径百余歩徇葬者奴婢百余人」にぴったりと一致しています。それなのに、近年のニュースで、奈良県桜井市の箸墓《はしはか》古墳のことを「これが卑弥呼の墓だろう」とやたらにでっかい塚が紹介されていました。理由は「卑弥呼が大物だから大きな墓に違いない」のだそうです。でっかければいいというもんじゃない！　ちゃんと、百余歩と書いてあるのに、古人の記載なんてまったく無視して信用せずに〝大物だからきっと〟という発掘者の個人的な想像のほうがあたかも正しいがごとく報道されるのは、いったいどういうことなんだろうと思います。

こういうことが平然と躊躇なく繰り返されてきたものですから、元なる魂のルーツ、日本人のアイデンティティーなるものを失うことになり、日本の行く末をリードする総理大臣でさえ、わけの分からないことを言い出す始末です。知っていたらもっと、日本の領土や未来を大切に考えることでしょう！

第三章

有力なユダヤ人も次々と訪れる／剣山《つるぎさん》に隠された伝説

ヒヒラギで建てられた八倉比賣神社

八倉比賣神社の八倉とは、「いわくら」（墓）が訛ったものです。紀元前三八〇年頃の創建で、一一八五年に神階最高位正一位とされています。

この神社は、ほかの大きな神社仏閣のように大きな杉やヒノキではなく、ヒイラギで建てられています。気延山の往診先のおばあちゃんも、「太い幹じゃないヒイラギで本殿を建て替える作業は、本当に大変だった」と証言しています。宮司さんもおばあちゃんも「ヒイラギ」とおっしゃいましたが、聞き直してみると、「ひいらぎ」（杠谷樹）、つまり「イヌマキ」（犬槇）のことで、赤い実のなるクリスマスの『柊』ではありませんでした。ユダヤ人が神事やお正月の過ぎ越し祭り（ユダヤ人とエジプト人を区別するために行った方法の一つで、日本で門松を立てる風習の源流）で使う常緑樹です。

『古事記』には、天照大御神の「魂振り」について、「我が御魂を船に座して、眞木の灰を瓢に納め云々……」とあります。ここでいう魂振りとは、自分の魂を高次元に持っていくために瞑想し集中して奮い立たせるという儀式です。イヌマキは、燃やすと跡に純白の真綿のような灰が残りますが、いろんな樹や同種の高野槇で試してみても、そんな灰にはなりません。

徳島・淡路島・東讃《とうさん》地方（香川県の東部）の古い神社には、必ずイヌマキが植えられていま す。八倉比賣神社の鳥居もイヌマキです。拙宅から歩いて五分くらい南東の土手下に立つ鳥居は、まさに「ひひらぎ」の鳥居です。

宮司さんに「なんで気延山の神社からずいぶん離れたこんな場所に鳥居が建ってるんですか？」と聞いたところ、

「今はこのとおり土手下ですが、太古の昔は、そのすぐ東の鮎喰川《あくいがわ》の土手の上にあったんです。その鳥居の中から西を見ると気延山の頂上が見えます。卑弥呼の墓は気延山の頂上にあるんですよ。そのずっと先は元山、剣山《つるぎさん》に通じています。この鳥居は、足腰が悪くて山に登れない人のための参拝所なんです」と話され、なんとなく納得しました。

阿波神代《かみよ》文字と祝詞《のりと》

天照大御神と呼ばれた大女王・日神子（卑弥呼、大日孁命《おおひるめ》）に関することが、八倉比賣神社の『天石門別八倉比賣御本記《あまのいわとわけやくらひめごほんぎ》』に記されています。それとともに神社では『阿波神代《かみよ》文字』も所有されています。

神官が神に捧げる祝詞《のりと》は、阿波神代文字が使用されています。なぜかといえば、祝詞には声にすると漢字では表せない言魂《ことたま》が宿っているからだそうです。世界にはいろいろな言語がありますが、言葉に数理をもつ言語は世界の中でも（古代）ヘブライ語、アルファベット、日本語の三つしかありません。数理を持つということは、数学理論を持っているということで、宇宙自然摂理の法則で成り立っています。

わかりやすく言えば、「音」に直した言葉同士が数字を介してお互いに関連性を持っているということなのです。例えば、日本語の「四」は「死」、アルファベット四番目の「D」はは[die]［death］に相当します。このように数字と文字がある関連性を持っているものを「数理を踏む」と言います。濁音を普通音にして「ん」を削ると、言魂はより美しい響きの波長を伝えることができるのです。

（四国剣山顕彰学会刊より）

ここまでくると私にはうまく説明できないのですが、実際に見たり、声に出して読んだりしていると、心地よく馴染むような

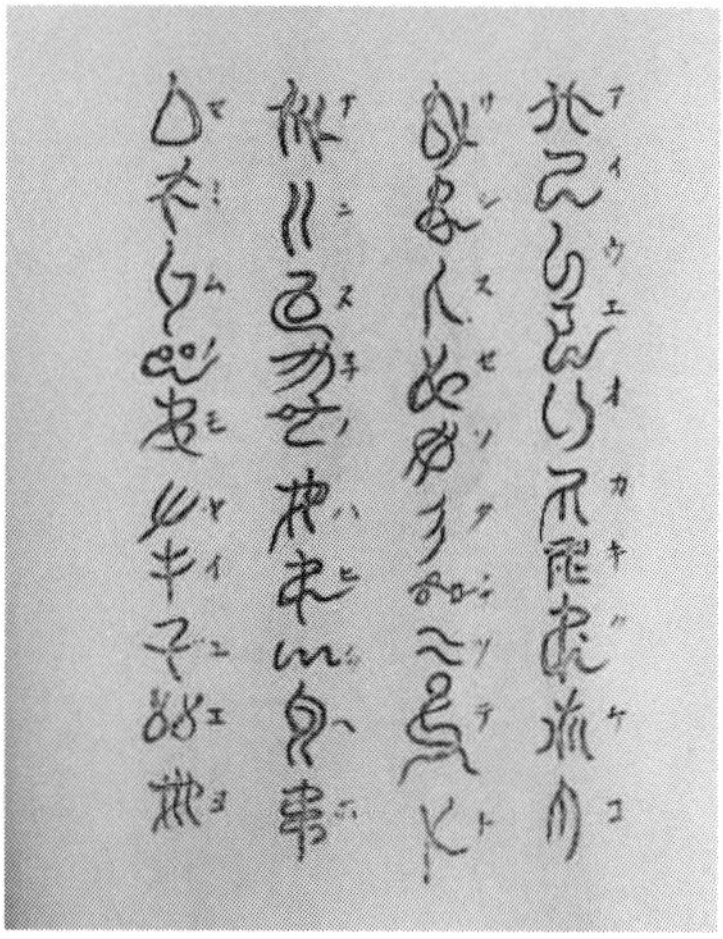

阿波神代文字の一部
岩利大閑著『道は阿波より始まる』（京屋社会福祉事業団発行）より引用

自然な音律波長というのでしょうか、そういうものがなんとなく分かってきます。

阿波神代文字は、まだ文字のない縄文初期から剣山系にすでにあった文字で、のちにシュメール文字の解読に苦労していたとき、これを宛《あて》がうと解読できたといいます。

それどころか、聖書に書かれている文字は、阿波神代文字とそっくりなんです。神代文字は五十音順に並んでいるから、平安京以降のでっち上げだとか言うひどい国学者がいるようですが、縄文時代には五十音は確立されていたのです。

戦後のどさくさに紛れて、自称国学者なるものが自分の足で歩きもしないで、古代の先人たちが書き残したものをまるで逸話として扱い（実は、王政復古のために神格化が必要だった明治天皇を利用した日本政府の策略だったのですが――）、間違いだらけの資料をもとに更に新しい説を掲げて、なんの根拠も説明もなく古墳一つを、さもそうであるかのようにマスコミで堂々と発表したりするものですから、地元ではそれを当て込んで商売繁盛、飯の種です。本居《もとおり》宣長《のりなが》も自分の足で歩くことなく知っている地名に合わせて書いた国学者の代表で、その間違いだらけの『古事記伝』が、現実と一致しないからおかしいとずっと思われながらも、今日まで第一級の資料として残されてきました。当時の万葉学者、賀茂真淵《かものまぶち》でさえも、万葉歌の風景と『古事記伝』の地名が一致しないので、『古事記』そのものが間違いではないかと疑問に感じていたそうです（阿波を隠すために、阿波の地名をことごとく他の地方に付けていったため、混乱の原因になりました)。

正さなければならないはずの宮内庁は、そのルーツを明かすわけにはいかないのか、明かすと何かとんでもないことでもあるのか、こういうおかしなことがいつまでも日本人の曖昧さとして残っています。日本国民としてのアイデンティティーが確立されていない証拠です。

グローバル時代にはアイデンティティーは特に必要になってまいります。アメリカに移住した二世以降は、アメリカ国籍である前に、自分のルーツやアイデンティティーが思春期のうちに確立されないと、犯罪に手を染めたり、社会から無視されたりするようになります。移民して家庭を持つということは結構大変な一面があります。ルーツは様々なれど、個人あってこその愛国心であり、その意識を統一するために国歌と忠誠旗があるのがアメリカで、それを考えると、日本人も早く自分たちのルーツを知り、似非《えせ》学者の餌食《えじき》にならないように注意しなければ、世界からいとも簡単に〝爆弾なき平和的侵略〟を許してしまうことになるでしょう。

女王卑弥呼と剣山

《天地の　初めの時し　ひさかたの　天河原に八百萬　千萬神の神集ひ集ひまして神分ち　分ちし時に天照らす　日孁《ひるめ》命天をば知らしめすと葦原の瑞穂の国を　天地の依り合ひの極み知ら

しめす　神の命と天雲の八重掻き別きて神下りいませまつりし天照らす日の神子は……》『万葉集』巻二「挽歌《ばんか》」の部より―柿本人麻呂―

日神子《ひみこ》（卑弥呼）の死後の名は「大日孁命《おおひるめ》」といわれ、天照大御神と同一人物です。『古事記』では、大宜都比賣《おおげつひめ》という穀霊名で登場します。天照大御神は平安時代になって作られた神名で、卑弥呼というのは中国のあて字です。柿本人麻呂の万葉歌でも分かるように、天皇のことを倭人は「天照らす日の神子」と尊称で呼んでいました。ですので、これから先は卑弥呼と書かずに「日神子」と書くことにします。柿本人麻呂も阿波の人です。彼の歌には、気延山とその古い地名「矢野神山」が随所に見られます。

雲のいる八倉のさとの気延山　下つ岩根に宮井そめつも
妻隠《つまごも》る矢野の神山《かむやま》露霜に　にほひそめたり散巻《ちりまき》惜《お》しも

その他の人の歌もついでに……

名も高き矢野の神山小夜深く　速弓張の月もいるらし（光俊）
雁なきて寒き朝気の露霜に　矢野の神山色つきにけり（鎌倉右大臣）

「日の神子」で思い出しました！　二〇〇九年に元駐日イスラエル大使、エリ・エリヤフ・コーヘン氏と座談会をしたときのことです。

私　なぜ、ユダヤ人はノーベル賞を四十％の割合で取ることができたのですか？

コーヘン氏　それは、私たちが神の子だからです。

私　《出た～！　まさにユダヤ、神の子発言。》

コーヘン氏　あなたたちもまた、神の子です。ただ、とらえ方が違います。困ったときの神頼みで神様に任せているだけの態度と、神が自分に付いて下さっているから困ったときも乗り切れると思って、常に前進していこうとする姿勢や意識とでは、おのずと考え方も違ってくるのです。

私　なるほど！　人生踏みとどまってはいけない。神が付いているのですからね！

話を戻します。先ほど八倉比賣神社の奥の院にある五角形祭壇の先端が剣山のほうを向いていて、剣山の参拝所にもなっていると申しましたが、なぜなのでしょう……。

剣山には（アークソロモンの秘宝）が隠されているという噂が、戦前からあるからです。

二〇〇八年十月末にニューヨーク在住のユダヤ人社長と初めて剣山に登りましたが、その数ヵ月前には、世界一の大富豪、ユダヤ人ロスチャイルド家の某氏や歴史学者のアビグドール・シャハン博士も極秘で登ったという噂を聞きました。まさかユダヤ人が人知れず剣山に登っているだなんて、徳島新聞にも載りませんから地元の人だって知らなかったと思いますよ。

二〇〇九年五月、私たちは倭国《いのくに》研究所の大杉博博士のご案内で、コーヘン氏やさまざまな県の企業代表者たち四〇名のツアーで剣山に登り、アークが収められていると言われる鍾乳洞を探検しました（写真）。

剣山は昔、〝鶴亀山《つるきさん》〟と呼ばれ、それがいつのまにか〝剣山《つるぎさん》〟になったのですが、一時間半コースの山頂から少し手前に大きな鶴石と亀石があります。現在は頭が取れて鶴には見えませんが、その下には鍾乳洞が広がっています。

洞窟内は真っ暗で人一人しか通れず、前の人が次の人のために懐中電灯で足元を照らしながら、次々に降りていきます。不思議な

（上）コーヘン氏と剣山に登る（下）アークへの入口

ことに、両サイドの壁はノミのようなもので人の手が加えられています。少し先に進むと、左右に分かれる穴があります。右の穴は古い不動明王像が刻まれた石板で完全に蓋をされています。いったい、いつ頃、何の目的で、誰がそうしたのでしょうか。

洞窟を出ると、今度は道なき山道です。ある大きな苔《こけ》むす岩まで行ったとき、大杉博士が「この真下にアークがあると予想しています」とおっしゃるので、私たちはお互いに記念写真を撮ろうとするのですが、なぜか真っ赤な火柱がデジカメの画面を覆って撮ることができません。やっと撮れたと思ったら、左上にUFOよりも珍しい原始星雲誕生の様子が写っていたり、ユーチューブ配信のドキュメント撮影班がインタビューを始めると〝バーバー〟という雑音が入ったりと、なんとも奇妙な場所でした。

さらに不思議なことに、登山の前日までは大雨で、今回は無理だろうと思っていると、当日の朝になると曇り空に変わり、山頂付近まで登ると、空だけ強い風が吹いているのか、雲がどんどん吹き飛ばされて晴天。ところが下山した翌日は大雨だとか大雪で、もう誰も行けない状態になってしまうのです。その次に登ったときもそんな感じで、登れるには登れるのですが、コーヘン氏も「前に登ったときも全く同じだった」と言っておられました。まさに、ユダヤ関係者が関わると、どんな嵐に遭遇しようとも、必ず雲ひとつない晴天に恵まれるという、不思議なお天気シンクロニシティになるというのでしょうか。また、剣山山頂は他の山々とは違い、ほとんど真っ平《たいら》になっていて、古代に人為的に整形されたとも言われています。

　標高一九五五メートルの剣山は、決して険しい山ではありません。まったく運動しない私でも、普通の運動靴で楽に登れます。ロープウェイを降りて二〇〇メートルほど歩けば山頂に到達します。山頂には美味しいうどん屋さんもありますので、ぜひ一度おいで下さい。

空海と「かごめ歌」／その封印と謎解き

『かごめかごめ　かごのなかの鳥は　いついつ出やる　夜明けの晩に鶴と亀が滑った　後ろの正面だあれ』というわらべ歌がありますね。この意味にはいろんな説があります。

《カゴメ（籠目）紋はイスラエルのマークで、ダビデの六芒星である。かごの中の鳥はアーク。アークはいつ出てくるのか？　暗い夜明けに地震か何かで、鶴石と亀石が滑り落ち、鍾乳洞からアークが正面に出てくる……》という説。

　もうひとつは、《神器を誰が守るのか、誰が安置されている神器を取り出すのか。それを取り除き、お守りと差し替えよ。そして誰もいない荒れ地に水を引き、そこを聖地として支配せよ》という説で、アークを隠した場所が〝わらべ歌〟としてずっと語り継がれるように空海が考案し、古代ヘブライ語と日本語をうまくかけ合わせた歌であるとも言われています。

空海の謎解き封印と同様のことは他でも見られます。八十八ヶ所の四国霊場はなぜ「八十八」なのか、唐に留学していた空海がなぜ途中で修行を打ち切って帰国したのか、密教とは本当は何なのか、位の高い有名な僧侶よりも、なぜ空海が重用されたのか。

八十八は「ヤー（神）を重ねて隠す」という意味です。神ヤハウエのヤとハの間にアポストロフィを打って「ヤー」と読ませます。ヤーで同じく神ということです。ヤッホーは神様への掛け声で、ヤフーはそれを知っていて会社名にしています。やがてアポストロフィだけで、神を表す意味になったのが勾玉《まがたま》の形です。

その頃はすでに景教（キリスト教）が唐まで迫っていました。キリスト教の新バビロニア帝国に滅ぼされたときのようにアークを守らなければならないので、朝廷は、唐に留学中の空海を日本に帰して、彼の知恵をもってアークを封印しようと考えます。空海は急いで帰朝し、八十八ヶ所の札所を設置して、四国入りした人が八十八ヶ所を巡る際、決して剣山に人の目が向かないようにしました。だから八十八ヶ所を回られたときに見てください。その道中に剣山を見ることはできません。本当に大切だったのは剣山であって、四国霊場はそれを封印して隠国《こもりく》にする結界線だったといわれています。そのおかげで、今日まで日本を守り抜いた空海は、どのお坊さんよりも大切な扱いを受けているようです。

大杉博氏の説によると、四国霊場の一番札所から十番札所の名前にも、空海らしくちゃんと意味を持たせています。
《御霊（一番霊山寺《りょうぜんじ》）は極上（二番極楽寺《ごくらくじ》）の金（三番金泉寺《こんせんじ》）である。大地（四番大日寺《だいにちじ》、五番地蔵寺《じぞうじ》）に安住（六番安楽寺《あんらくじ》、七番十楽寺《じゅうらくじ》）するために隈《くま》（八番熊谷寺《くまたにじ》）を法（九番法《ほう》輪寺《りんじ》）で切（十番切幡寺《きりはたじ》）った》

さらに最後の霊場にも、
《山の上の国（八十番国分寺）は白（八十一番白峯寺《しろみねじ》）い。その根元（八十二番根香寺《ねごろじ》）は一族（八十三番一宮寺《いちのみやじ》）であるそのヤハウエ（八十四番屋島寺、八十五番八栗寺《やくりじ》）一族の歴史（八十六番志度寺《しどじ》）は長（八十七番長尾寺）大（八十八番大窪寺）である》という意味が封印されているそうです。山の上の国が白いのは、四国では太古の昔から剣山の野焼きをしていたため白い煙がたなびいていたからです。

私自身、アークを見ていないので確信があるわけではありませんが、ユダヤ人がわざわざこんな辺鄙《へんぴ》なところに来ているのが面白いですね。前述のユダヤ人社長は、東京にも京都にも行かず、初めての日本旅行が剣山で、「シャローム」（さようなら）と手を振ってニューヨークに帰っていったのです。今度来日されたら、ぜひ聖書に託された平安京（古代ヘブライ語でエルシャローム、エルサレム）を見せてあげたいと思います。平安京は、シルクロード回りで来たキリスト教系ユダヤ人とされる秦氏《はた》が中心になって造ったとはいえ、京都は日本の集大成で、おそらく世界の憧れの地だと思います。あの研ぎ澄まされた古都の美しさに比べると、阿波の寂れた古宮なんてもうどうでもいいじゃないかって思ってしまいます。やっぱり、外国の人にはどこよりも京都に来てもらいたいものです（住むには徳島のほうがずっと魚が新鮮で気候も良いからお勧めですけどね……）。

京料理の鱧《はも》も、すだちもジュンサイも、京菓子に使われる和三盆糖も、昔からみんな徳島のものを使用しています。大嘗祭《だいじょうさい》で使われる麻や供物も、古代から現代まで徳島から献上していますし、古墳に使用された石棺部分の青石は徳島の吉野川（古代はふる川といいました）からわざわざ奈良や京都に運んでいたのです。徳島の人はお接待精神と犠牲的精神があって優しく、いい意味でも悪い意味でもあんまり裏表がないのです。

いろは歌にも意味が……／イエス、咎《とが》なくして死す

いろは歌を縦横に七つずつ並べると、「神ヤハウエの使徒イエス、咎《とが》なくして死す」という隠語が含まれていることが分かります（図）。「いちよらやあゑ」は、古代へブライ語で神ヤハウエの使徒。左角の「い・ゑ」と最後の「す」でイエス。最後の句「ゑひもせす」は、上段の

「やあゑ」が〝モーゼの神〟というギリシャ語「epi Moses」で受けています。モーゼはギリシャ語で「モセス」と言い、エピは「何から」とか「何の」という意味で使われるため、「やあゑ、ゑひもせす」はモーゼの神と解釈します。

いろは歌全体には、「救いを与える良い神は、神隠しのごとく逸話となり、罪もないのに死んで神の子となり巌《いわお》となった」という古代ヘブライ語訳が隠されているそうです。仏教の奥義を究めるため中国（唐）に旅立った空海は、そこで当時キリスト教の一派であるネストリウス派の教義に触れる機会に恵まれ、聖書を学んだことは周知の事実です。そこで悟った教えを折《おり》句《く》として字母《じぼ》歌にまとめたのが「いろは歌」だったのです。

朝廷の手前、イエス・キリストの教えを伝えるわけにいかないから仏教を隠れ蓑《みの》にして真の言葉を伝え教えたのが、後の真言密教へと発展していったと考えられ、どんな宗教宗派も結局は、根は一つだったということのようです。だから、宗教の違いで戦争するなんて本当にバカバカしいことです。

ゑ	あ	や	ら	よ	ち	い
ひ	さ	ま	む	た	り	ろ
も	き	け	う	れ	ぬ	は
せ	ゆ	ふ	ゐ	そ	る	に
す	め	こ	の	つ	を	ほ
	み	え	お	ね	わ	へ
	し	て	く	な	か	と

いろは歌を縦横に七つずつ並べた図

いろは歌のほかに、もう一つ有名な日本古謡「さくらさくら」があります。いろは歌には、「やあゑ」や「もせす」など、聖書に関わる言葉が折句として含まれていましたが、「さくらさくら」には、旧約聖書に登場するイスラエルの預言者、イザヤの名前がそのまま出てきます。この名前には「神の救い」という意味があります。作詞者は空海の可能性が高く、古代ヘブライ語で読むと、「いろは歌」の折句とほぼ同じ意味の歌になるのです。

《(神が)隠れてしまった。唯一の神が迫害を受け、耐え忍び、死んで、犠牲となり、くじで引かれ、とりあげられてしまった。素晴らしい神の計画である救い、その救いの捧げ物が成就した》

空海は、いろは歌という字母歌を使って折句の中で信仰の真髄を語り、更に神隠しの歌として「さくらさくら」を作って、信仰の告白の気持ちを込めたのではないかと考えられます。これは決して日本語と古代ヘブライ語の偶然の一致ではありません。歴史に永遠に残る天才空海の、次元を超越した霊歌だったのです。実際に空海なる人、言葉遊びが好きだったようです。

(中島尚彦説より)

アークと剣山のお神輿

剣山には、お神輿を七月十七日に頂上へ担ぎ上げるお祭りがあります。実は、日本のお神輿はアークのレプリカだと言われています。アークは金箔を貼った箱の上に「ケルビム」という羽を広げた天使が載っていて、運ぶときは二本の棒を通します。日本のお神輿にも鳳凰が載っていて、神の象徴として二本の棒で担ぎます。

七月十七日という日にも意味があり、昔々、ノアの大洪水があったとき、アークを担いでアララト山頂に運び上げた日が七月十七日でした。剣山のお神輿の大きさもアークと同じ大きさで、白装束に頭巾《ときん》を額につけて運ぶのです。その姿はユダヤ司教の正式な衣装とそっくりです。京都祇園祭の山鉾巡行《やまぼこじゅんこう》も同じ日に行われ、鉾のタペストリーには、ヨセフの嫁選びとかエジプトの図柄などがちりばめられています。それに、なんということでしょう。「祇園」の語源は古代ヘブライ語の「シオン（エルサレム地方の別名）」から来ているそうです。驚きの連続です。

旧約聖書の中で、イスラエルと日本の間にいったい何があったのでしょうか？

神はイザヤに対して、新バビロニア帝国が攻めてくる前にこう言います。

「この国はやがて崩壊する。イザヤよ、タルシン船にアークを載せ、イスラエルの代表者を連れて東の日出る島へ落ち延びよ。そこでこのイスラエルのことを全て忘れ、新たに本当の神の国、第二エルサレムを設立せよ」。これはイザヤ書、ヨハネの黙示録、その他の聖書に書かれています。

例えばイザヤ書では、

《主は言われた。「誰を遣わそうか」「誰が我々のために東の地の果てに行くだろうか」。そのときイザヤは言った。「私をお遣わし下さい」。主は言われた。「では、そなたが行って民に言いなさい。そして繰り返し聞くがよい。しかし悟ってはならない。繰り返し見るがよい。しかし解ってはならぬ」》

《それは島々が私に向けて送るもの。タルシュッシュ（タルシン）船を先頭に金銀をもたせ、あなたの子らを遠くから運んでくる……》

また、エズラ第四書十三章では、

《彼らは、人間がかつて住んだことのない土地へ行き、自国では守ることの出来なかった規則をせめて守るようにとの計画をお互いに持ち合って、更に進んだ》

そんなわけで、どうか皆さま、四国に来られたら剣山が見えないことを確認して結界地を八十八ヶ所巡り、空海の苦労を味わってご機嫌よくお帰りください。八十八ヶ所最後の札所・大《おお》窪寺《くぼでら》（香川県）の奥の院は、「えっ、これが奥の院?」と笑えるような掘っ建て小屋なのに、名前は高野山金剛峯寺《こんごうぶじ》と一対の寺院号で「胎蔵峰寺《たいぞうみねじ》」と言います。実は、そこまで行けばちらっとだけ剣山が見えるようにと憎い仕掛けを空海がしています。〃ご苦労さまでした〃という空海自身へのプレゼントです。八二五年に空海が書にした『磯輪上乃秀真国之阿波国也《しわがみのほつまのくにこれあわのくになり》』が、二十一番札所・太龍《たいりゅう》寺に残っています。

前章で古事記の正式名称は「磯上乃古事記《いそがみのふることふみ》」と申しましたが、その頃にはもう「日本」という国名になっているのに「日本古事記」とせず、わざわざ「磯上乃古事記」とした理由は、古事記に書かれてあることが日本全体のことではなく、磯上国の歴史だったからです。空海によると、磯の上にある優れた真《まこと》の国は阿波だということなんですって。

第四章

東の日出《いづ》る島／阿波が「言挙げせぬ隠《こも》り国《くく》」になった理由《わけ》

東の日出る島「日本」を目指して

紀元前五八六年、新バビロニア帝国はイスラエルを占領しましたが、戦利品にアークはありませんでした。当時のイスラエルは神ヤハウエの願いや契約も無視され、乱れに乱れていたので、イザヤは国を捨て、神の意向に沿った理想の地への移住を計画します。しかし彼は高齢であったために、代わりにその子どもたちが行くことになります。

イザヤの代理として陣頭指揮を執ることになった次男のヨザブ（二十歳代、日本ではツァクヤン〈月読命《つくよみのみこと》〉と称されます）は、遠く見たこともない東の島に本当に辿り着けるのかどうか心配でしたが、神は「すでにエドム王一族が着いているから大丈夫だ」と励まします。

アブラハムの一人息子イサクの子にエソウ（兄）とヤコブ（弟）がいましたよね。そのヤコブに騙されて長子の特権を奪われたエソウの家系がエドム一族で、エソウは後にカディッシュ王となります。アメリカ屈指の指揮者、レナード・バーンスタインが作曲した交響曲第三番「KADDISH」は、その栄光の歴史を綴ったものですが、同時に死者の鎮魂と、神を讃える頌歌でもあります。

エドム一族の一部は、ひと足先に極東の島へ渡り、九州北部で豪族になったり、高知の土佐《とさ》清水《しみず》、足摺岬《あしずりみさき》あたりで投馬国《つまこく》という小国を築いたりしていました。ちなみに第二代の綏靖《すいぜい》天皇は投馬国の人で、倭国の王になっています。綏靖天皇の本名は「カムヌナカワミミ」と言い、ミミ（弥弥）とは古代ヘブライ語で教育官のことです。人の話をよく聴くという意味で、ここから「耳」という名詞が発生しました。ただし倭国の出身ではないので、「比古《ひこ》」は付いていません。

投馬国は、倭国が平定する際に強く抵抗したため、半分自治が許された形での支配となっていました。またその経緯もあり、遠慮する形で時々投馬国から天皇を選任することがあったのです。

ユダのヒゼキア王は、ソロモン時代から続くフェニキア人のツロの王に交渉して、タルシン船に使うレバノン杉の巨木を船のパーツにして、地中海岸の「ツロ」から紅海のアカバ湾エジオンゲベルまで五百キロにも及ぶ砂漠を、ラクダ八千頭という大キャラバンで運びました。フェニキア人の子孫エブス人（エビス人）から造船技術や航海術をイスラエル人に学ばせ、エブス人やエドム人も共に東を目指すことにしました。左官や大工、彫刻、祭壇製作が得意な「アワ人」もツロから雇い、その代わりにイスラエルの小麦、大麦、オリーブ油などをツロの王に贈るといった外交をしました。「アワ人」のことは聖書列王記にありますが、それが今日の阿波の木工職人や仏壇職人になっていったのかもしれません。

エゼキエル書にはタルシシン船がどんなものであったかが記載されています。船体は糸杉、中心柱は柏材、帆は麻布で、木の船縁は象牙がちりばめられ、色彩豊かに装飾された船はまさしく豪華な宝船だったようです。

ヨザブは、南ユダ王国（当時）のヒゼキア王朝（紀元前七一三年〜六八七）の王妃だったヘフシバと、イザヤの長男スサナウエ（古代ヘブライ語で牧場の馬、行動の速い人という意味で和名はスサノヲ）、十二支族代表たちとエブス族（エビス族）、エソウ族、アワ人など、十隻総勢二千人とともに、タルシシン船にアークや財宝を載せて、紅海出口のエジョンゲベル港から東の日出る島を目指して出発します。エブス族は、タルシシン船の航路安全を祈願して、「トホカミエヒタメ」と「スエキアワカミ」とエブス文字で書かれた二本の大旗を立てました。この「トホカミエヒタメ」が後の「南無八幡大菩薩」の語源になります。エブス文字の流れが阿比《あび》留《る》文字でもあり、大陸へ逆輸入されたときにハングル文字となっていきました。この阿比留文字の草書体が阿波神代文字で、シュメール文字や聖書に使われている古代ヘブライ文字と非常に似ています。現在、二本の大旗は徳島市神山町の「船盡《ふなはて》神社」にあり、お祭りのときだけ飾られています（神山の啓示録より引用）。

彼らは、偏西風と黒潮に乗って一年半余りで、目指す同じ東経三十二度線あたりの徳島に着くと、船盡神社から陸路に変えたものと思われます。そして、スサナウエはスサノヲ、ヘフシバは、実名なら身元が分かるので、「日の神子さま」と尊称で呼ぶことになりました。ヨザブはツァクヤン（月読命）と名乗り、その後しばらく粗方《あらかた》を見聞してからイスラエルにとって返し、シャル・ヤシュブと名を改めて『イザヤ書』を執筆しましたが、いくら東の日出る島のことを話しても誰も信じてくれませんでした。そういう理由《わけ》で、月読命はその後の日本の歴史には出てこないのです。彼の晩年は大病をしながらも人々に親切であったため、みんなに慕われたそうです。

彼らのことは、徳島市八多町《はたちょう》に住む高齢者が、「あの人たちは、橘湾《たちばな》（徳島県阿南市）が黒潮の最終地点だから、そこに漂流してきた渡来人だったという昔からの言い伝えがある」と証言しています。後で出てくるイザナギ（ヘブライ発音でイシュァナギ、守りたまえダビデの王統をという意味）が、黄泉比良坂《よもつひらさか》（高越山《こうつざん》から橘湾へ出るまでの道）を背走し、橘湾（椿泊《つばきどまり》）で禊《みそぎ》を済ませたとき、同じ郷里から来た彼らとそこで出会ったのです。

宝船と七福神はイスラエルから渡来したスファラディ系ユダヤ人のこと

宝船や七福神は作り話で、乗っているのは中国人だと思われていますが、実はイスラエルから新天地を求めて渡来したスファラディ系ユダヤ人で、絵はタルシン船に積まれたアークや金銀財宝が描かれたものです。金銀財宝は、当時の平底舟を安定させるためのものでした。同族であるイエス・キリストの黒い髪、浅黒い顔を見ると、何となく日本人に似ていると思いませんか？（本物のキリストを見たことはありませんが……〈笑〉）

徳島県の山間部、剣山山麓にある祖谷地方は、祖谷と書いて「イヤ」と読みます。他ではイヤとは読めません。そうです、「神よ！」という古代ヘブライ語からきています。この地に伝わる民謡には、とても不思議なものがあります。

『九里きて、九里行って、九里戻る。
朝日輝き、夕日が照らす
ない椿の根に照らす
祖谷の谷から何がきた

恵比寿大黒、積みや降ろした
伊勢の御宝、積みや降ろした
三つの宝は、庭にある
祖谷の空から、御龍車が三つ降る
先なる車に、何積んだ
恵比寿大黒、積みや降ろした、積みや降ろした
祖谷の空から、御龍車が三つ降る
中なる車に、何積んだ
伊勢の宝も、積みや降ろした、積みや降ろした
祖谷の空から、御龍車が三つ降る
後なる車に、何積んだ
諸国の宝を、積みや降ろした、積みや降ろした
三つの宝をおし合わせ、こなたの庭へ積みや降ろした、積みや降ろした』

「ない椿」とは、椿泊（橘湾）のことだと解釈します。「空」とは山のことで、古代阿波では山のことを「ソラ」と呼んでいました。「伊勢の御宝」は天都御膳《あまつみけ》、「恵比寿大黒」は長御膳《ながのみけ》、

「諸国の宝」は遠御膳《とおつみけ》のことです。この三種の御膳《みけ》は、天皇が即位する儀式大嘗祭《だいじょうさい》で、神と天皇が一緒に初めて食される御膳のことです。

①天都御膳とは、阿波忌部が貢進する高天原産の山幸のことです。鮎喰川《あくいがわ》の鮎《あゆ》、木綿麻山《ゆうまやま》(現・高越山《こうつざん》)の木綿《ゆう》乾羊蹄(かもしかの肉)、橘子(たちばなのみ)。

②長御膳とは、勝浦川～園瀬《そのせ》川流域、鮎喰川流域の東側の那賀郡から奉供されるもので、あわび、さざえ、うになど。

③遠御膳は、淡路島と紀州那賀郡より奉供されるものを言います。この地域は同族が移住したところです。

これらの大嘗祭《だいじょうさい》の準備は代々剣山系のソラの民が司っていたため、その儀式の様子を歌にしたものなのか、それとも橘湾に着いた宝船から三種の神器を納めたソロモンの秘宝と呼ばれるアークを降ろして剣山系へと入植したことを物語っているのか分かりませんが、とにかく不思議な歌には違いありません。

剣山へ向けてアークを運び込む

東の日出る島を目指した一行は、シルクロード回りの陸路グループと、タルシン船で海路を取ったグループの二手に分かれます。

陸路グループは日出る東の島にたどり着かず、挫折していろんなところで根を下ろした形跡がありますが、海路グループよりかなり遅れて着き、朝鮮半島を経て日本海側から入植したようです。長野県の守屋山《もりやさん》は、イスラエルの「モリヤ山」にちなんで彼らが命名したのかも知れません。

海路グループは、下関を経由して高知に入植した者、徳島県阿南市橘湾からイシュァナギの案内で現在の勝占《かつら》、佐那河内《さなごうち》、入田《にゅうた》、神山へと入植した者、吉野川から上流へ分け入った者とに分かれますが、いずれも剣山を目指します。剣山はかつて自分たちが住んでいたモリヤ山と緯度も標高もよく似ていたので、この地こそシオンだと確信したのでしょう。そして山頂を野焼き整形し、鍾乳洞内にアークを隠して「ヤマト（倭）」を創設します。

ヤマトの語源は古代ヘブライ語で「ヤー・ウマト」つまり、〝神の選民の国〟という意味です。剣山では山頂でも豊富に水が湧き出ますし、日本最古の貯め池もあります。水が綺麗なので、生活には困りません。彼らは秀でた自然科学、天文学にもとづいた航海術、文字や言葉、稲作や製鉄など数々の技術や文化を携えて上陸し、やがてソラ（山）の民として君臨していったのです。縄文時代末期あたりの土着民から見れば、それはもう神のような存在だったに違いありません。だから日本の土着民は、複数いた山の民の彼らを、沢山の神々と言う意味で八十《やそ》神《がみ》とか八百万《やおよろず》神《のかみ》として敬ったのかも知れません。

その顔色は浅黒く、目がぎょろっとして鼻がでかく、遠くが見える筒や、ヤツデの葉とか巻物を持った山に住む「天狗」は、彼らユダヤ人だったのでしょう。遠くが見える筒は航海に使う望遠鏡だし、巻物は「トーラ」という聖書（律法を書いたモーゼ五書で巻物になっていた旧約聖書の一部）のことです。トーラの巻物はいつのまにか「虎の巻」になったのです。ヤツデはメノーラ（ユダヤ教の象徴である燭台）を表すもので、頭巾《ときん》に白装束という山伏の格好は、まさにユダヤ司教の姿と同一です。

邪馬台国は四国だった？

『魏志倭人伝』には邪馬台国の位置、様子が記されています。倭（阿波国）が勢力を伸ばして四国をほぼ平定した頃の名前を別名「邪馬台国」と言いました。畿内にも九州にも合致する部分がありますが、『翰苑《かんえん》』には、「海中洲島の山に絶在し、四面が海にそびえ立ち、周囲の長さは五千里あまり、戸数は七万余の大国」という、ある特定の場所（四国）にしか存在しない特徴を備えた記載があります。

明《みん》の『広輿図《こうよず》』では、「二十一の旁国（小国）はみんな倭国の境にある」と記載され、それそれの国の大きさや戸数まで記《しる》されています。更に『太平《たいへい》御覧《ぎょらん》』では「邪馬台国がこれら二十一の小国を全て統治している」と記されています。

これらを総合的に判断すると、邪馬台国は四国を指すことが理解できます。それは元の倭が剣山系にあったとみれば合致するのです。更に「邪馬台国には青玉と丹がある」とあります。昔から阿波には青石があり、日本最古とされる弥生時代の「丹」(硫黄と水銀の化合した赤土)の採掘場・若杉山《わかすぎやま》遺跡もあります。また航路についても途中で「四十五度舵を取る」という記載不足を除けば剣山までの距離、渡航時間などとほぼ一致することも分かっています(大杉博説)。これらは多くの原稿枚数を要するので割愛させていただきます。

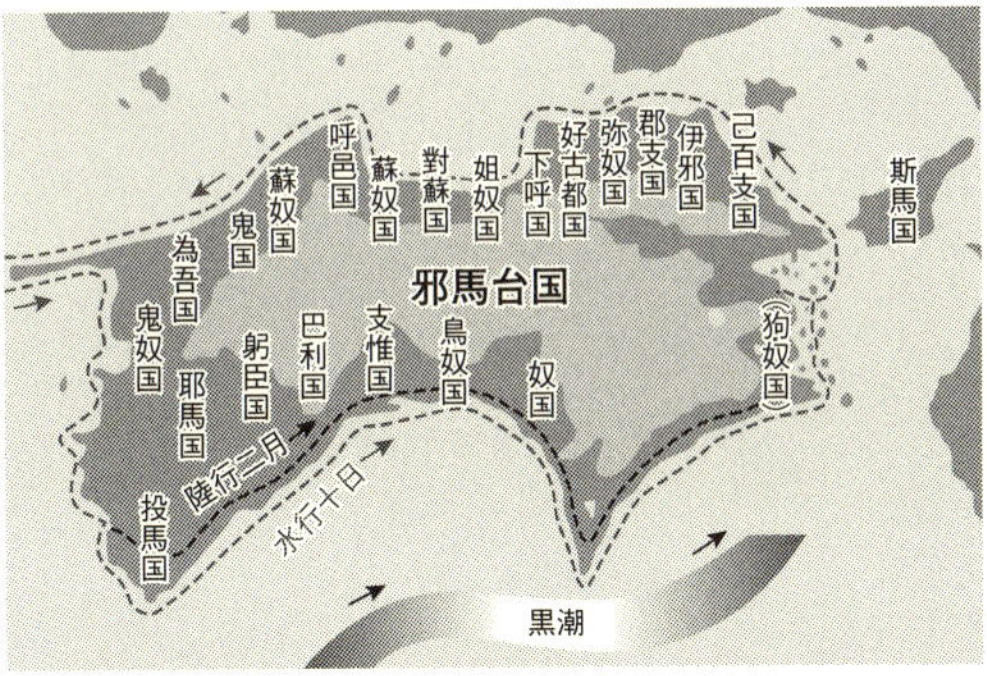

大杉説邪馬台国

国歌「君が代」に隠された古代ヘブライ語

ところで、この原稿を書いているさなか、大阪の橋下《はしもと》知事（当時）が「大阪府の公立学校は君が代起立斉唱、国旗掲揚を規則とします。しない先生には辞めてもらいます」とおっしゃっていました。そのとき、徳島新聞の読者投稿欄に目が留まりました。

『君が代はどういう意味か分かりません。さざれ石さえ知らずに今まで〝さざえ石〟だと思って、サザエを食べていたらやがてそれが石になって苔が生えるまで天皇の御国よ永遠なれ、みたいな意味だと思っていました』

多くの自治体では、ウチのさざれ石こそ元祖で本物だと名乗っています。さざれ石は小さな砂利が一つ岩になっています。阿波では「神凝り石」と言われ、阿波だけにある珍しい岩石です。日本古謡「さくらさくら」の歌の秘密と同様に、君が代には隠された古代ヘブライ語訳がちゃんとあり、しかも、そこにこそ日本人の使命が読み取れるのです。古代ヘブライ語では「クムガヨハ　チヨニヤチヨニ　サッザリード　イシュノ　ニワオトナリッテ　コケノムシュマデ」と歌い、「立ち上がれ！　神を讃えよ！　神の選民である我々は人類を救う残された民として喜べ。やがて人類に救いが訪れ、神の予言は成就した。全地あまねく述べ伝えよ」という燦然《さんぜん》たる意味があります。

丸腰の日本、唯一の被爆国、ひどい原発事故まで起きて、自然エネルギー開発の必要に迫られる日本は、世界を平和に導く使者として定められた〝残されし神の選民〟なのかも知れません。これを知った私は、娘の高校卒業式のときには誇らしげに君が代を歌いました。

「君が代」は、「さくらさくら」の歌に秘められた「すばらしい神の計画である救いが成就した」とも合致しますし、「地球の最終章のとき東の島から四隅（四国のこと、あるいは主な四つの島の日本全体のこと？）を鳴らし、歌を携えて平和の使者が神の栄光を称《たた》えにやってくる」という多くの周辺聖書に書かれてある内容とも合致するのです。また、聖徳太子の『未然記』には「二〇三〇年までに人類が愛と平和に包まれる世界に変え、また自然破壊をやめなければ隕石が降ってくる」とあるそうです。もう時間がありませんよね。というか——戦後七十年になって、また各々の国々でさえギクシャクし始めているし、地球環境もこのところ、どんどん目に見えて悪化してきています。二〇三〇年まで持つかどうか怪しい気がします。

空海は、四国に鉄の橋がかかってから徐々にすべてが明かされるだろうと予言しています。それで私に解き明かしの白羽の矢が立ったのかしら？

記紀と各地の風土記／阿波風土記はどこへ消えた？

さて、いよいよ記紀の時代へと話を進めましょう。

和銅五年（七一二）、朝廷は『磯上乃古事記《いそがみのふることふみ》』が編纂された翌年に、諸国に命じて風土記を作らせました。それは古風土記と言い、更に延長三年（九二五）以降に作られた新風土記と併せて、日本には二種類の風土記があります。

陸奥国風土記（仙台）では倭建命《やまとたけるのみこと》（日本武尊）を称え、開拓の様子が生き生きと描かれていますが、その他の命《みこと》の名は一切出てきません。豊後《ぶんご》風土記（大分）、肥前《びぜん》風土記（佐賀）を見ると、この両国は元々一国であったと記され、第十二代景行天皇（推定在位三二一〜三三〇年）記に地方の由来が述べられていますが、これにも神々の話はありません。

注目すべき日向《ひゅうが》国風土記（宮崎）ですが、『釈日本紀《しゃくにほんぎ》』（日本書紀の注釈書で鎌倉時代末の一三〇〇年頃に書かれたもの）には日向国風土記逸文として、「この国は地形、直向、扶桑よく日向と号するなりとして景行天皇が命名した」と記されています。しかし、「日向国」という記載は一切ありません。古神社もわずか四社しかなく（阿波には式内社だけでも五十社以上あり、式外古宮を入れると数え切れないほどあります）、倭の支配下となった国の中でも新しいほうでした。播磨国風土記（兵庫）ではさすがに登場人物も豊富で、古事記の大王物語の記載もありますが、阿波風土記のように天孫降臨の地であるという記述はありません。

そしてお待ちかねの出雲風土記（島根）です。これは現存する風土記の中では完全な形で残されていますが、新風土記の可能性もあります。スサノヲノ命を最高神にしている出雲大社でありながら、その名はどこにも出てきません。もう一つ重要なことは、冒頭にある「八雲立出雲国者狭布能稚国在哉」とは、出雲に来たものは狭布能国《さふのくに》と呼ばれる根国《ねのくに》の者だということで、言い換えれば、山陰、出雲地方は狭布能国によって開かれた土地ということです。「狭布能」は、徳島県佐那河内村《さなごうちそん》（あの一個八百円もする桃イチゴの産出地）の入り口にあって、ちゃんと地図にも載っています。今はさびれた田舎ですが、奥は神山、剣山へと通じる交通の要所で、府能山《ふのやま》にある府能山字大人小屋《うしこや》には手力男命《たぢからおのみこと》の陵があります。地名になっている「大人《うし》」と言うのは渡来人の尊称です。山を下ると美間津比古天皇（第五代孝昭天皇）陵や古墳がたくさんあって、県《あがた》が一国として名乗ったときの国名が「狭府能国」です。のちに日神子（卑弥呼）がここで初めて狭田《さた》、長田《ながた》の水田を開き、「狭那県《さなのあがた》」と呼ばれるようになっていきました。お米はあたかもインドや中国から渡ってきたもののように教えられましたが、赤米や粟などの古代米原産地はエジプトのゴセン地区でユダヤの民が作っていたものです。大国主命はここに城を構え、「豊葦原瑞穂国《とよあしはらのみずほのくに》」とも呼んでいました。

余談ですが、ここで面白い歌をご紹介いたしましょう。戦後すぐにできた佐那河内中学校の校歌です。

《忌部海部の手と手をつなぎ
南北文化の力集めた
血脈伝統　この地に承けて
真理を探り平和を築き
名誉上がる佐那河内中学校》

作詞者は金沢《かなざわ》治《おさめ》という徳島出身の言語学者です。まさに、高天原（山部《やまべ》）の日神子が久米一族や同族の忌部《いんべ》に命じて、海部《あまべ》（海神族）の大国主命を中心として佐那河内村に田畑を開かせたことがこの校歌になっています。全国の「棚田」のルーツはこの佐那河内村です。

さて、この狭府能国から始まり、現在でも日本の行事として定着している風習とは何かご存知でしょうか？　正解は「七草粥」です。

元は日本海沿岸を征服した大国主命軍団の凱旋行事でした。阿波では山側を「そら」、海側を「いづも」と呼んでいましたので、島根を植民地とし「いずも」と名付けたのが、「出雲」の始まりでした。凱旋を喜ぶ女性たちが集まり、マナ板に載せた山菜を刀で叩きながら「ナクサ、ナナクサ、トウドノトリガ、ツイバムサキニ、スットントント、ケアワセタ」と大声で歌うのです。マナ板のマナは、イスラエルの三種の神器「マナの壺」（出エジプトの道中で民を養う食事を出した壺）を語源としています。「七草粥」を正月の六日目の夕方に各集落の女性が行うようになり、日本の風習となりました。佐那河内村の女性は、今でもシャモジと包丁をトントンと鳴らしながら歌って七草粥を作ります。

古代イスラエルでは、一月十五日に苦草《にがくさ》を食べる風習がありました（酵母を入れないパンに苦草を入れて食べます）。ちなみに、平安時代からあった、一月十五日に門松をたてる風習も、常緑樹を立ててユダヤ人とエジプト人を区別するための風習として古代イスラエルにあったものでした。

次に、摂津風土記（兵庫）、山城風土記（京都）はともに新風土記で、どちらにも『古事記』の手がかりとなるものはなく、摂津風土記に当然出てこなければならないはずの仁徳天皇の話はありません。大倭風土記（奈良）、伊予風土記（愛媛）、伊豆風土記（静岡）には古代国家形成の由来が書かれてありますが、「元になる本山があって分かれて……」と、本山が存在することを示唆しています。伊豆地方で太古から祀られている神々は「阿波来径之神」（阿波から来た神）と称されています。

ここで「大倭《おおやまと》」という地名が出てきました。国学者が間違ってしまったのは「大倭（奈良）」と「倭（阿波）」とは違う国なのに同一視してしまったことです。大久保さんと久保さんは違うのに同じ人だというのと同じことです。同様に、『古事記』記載の「阿波の穴吹川《あなふきがわ》から下流域の海の地方を指すいづも」と島根県の「いずも（出雲）」も混同されています。

では、阿波風土記はどうでしょうか？

残念ながら現存していません。確か四国四県ともに現存していないと思います。阿波および周辺県は古代の舞台になっているがゆえに全部隠さないとヤバかったのです。

阿波風土記は、明治六年（一八七三）まで阿波藩にも徳川家にも所蔵されていたことは明らかなのですが、小杉榲邨《こすぎすぎむら》（国学者。東京大学古典講師、帝室博物館監査掛評議員）が『阿波古風土記考証』を出版した際に、阿波風土記もろとも抹消されてしまいました。明治政府の基礎を固める手段としての「明治天皇の神格化」がその主な要因だったのですが、氏は幽閉された後に中央の要職に復帰しました。しかし、その後も各地に足を運んでは自分の目で確かめ、大正二年に多田勝太郎の援助で『徴古雑抄』を編纂しました。約四十年の歳月と情熱を費やしたその集大成こそ『道は阿波より始まる』なのです。

本書では、小杉榲邨の著述が原典となって岩利大閑《いわりたいかん》氏が引き継いだ『道は阿波より始まる』

から多数引用していますが、私自身も三千編以上の膨大な資料と年月、実地調査を交えて、書き綴ったものです。

隠国《こもりく》・阿波

阿波の殿様・蜂須賀家は寄せ集めの武家集団で、阿波の歴史には疎《うと》かったようです。元禄十年（一六九七）十一月十九日、幕府は老中土屋相模守（阿波藩江戸留守居役）を呼び出して、阿波、淡路の古代天子葬場を徹底的に調査するよう命じます。江戸では赤穂藩取り潰し事件の最中（元禄十四年）でありながら、阿波藩では猪子理五郎、森脇五兵衛、大原村千代などが古墳調査を続けていました。

松平元康（後の徳川家康）が天下に名を上げると、家系を鴨族末裔（鴨族とは高天原忌部氏の祖）と称して徳川幕府は「阿波藩は徳川の一字をとって徳島藩に改名するように」と命令を下し、阿波は徳島という地名になりました。

本居宣長の『古事記伝』は、幕府編纂の『大日本史』の裏付けとして作られたもので、あまりにも解釈や注釈が滅茶苦茶だと分かったので、幕府からも疑問視されるようになりました。阿波の史実が明らかになるにつれ、藩の高官まで尊王に傾き始めたのです。その結果、国学者の池辺真榛《いけべのまはり》、野口年長、新居正道《にいまさみち》、小杉榲邨などは反幕府分子として幽閉されたり毒殺されたりしました。

このような状況の中でやがて明治を迎え、政府が憲法で天皇を現人神《あらひとがみ》と定めたことで、天皇家に対する調査はタブーとされました。明治二十五年（一八九二）、久米単邨は「神道は祭天の古俗」という論文を発表しただけで大学を追放されました。一方では、東京帝国大学に「人類学」が新設され、小金井良精《こがねいよしきよ》帝大教授を中心に鳥居龍蔵《とりいきゅうぞう》、徳島人類学研究所など多くの民間人が半生を費やして全県調査に乗り出しました。しかし、一般の徳島の人々は「阿波を語るとお役人につかまる」と子供のころから言い聞かされていたので、語らないことがやがて知らないこととなってしまったのです。

敗戦の動乱期から混乱日本史となり、勝手気ままの言いたい放題、言ったもの勝ち飯の種という、どうしようもない時代となって、日本は国の始まりも分からない変な国になってしまったのです。地元徳島でさえも、何が根拠か分からない郷士史や風俗史が作られるようになっていきました。このような日本の歴史封じが長い間横行し、阿波は「言挙げせぬ隠国《こもりく》」になっていったのです。私は、先人たちが生涯命がけで貫いた仕事をこの機会にちゃんと表に出さなくてはいけないと思い、筆を執ることとなった次第です。

そんなわけで、これからの記紀の時代は阿波一国物語として展開させていきますのでご了承くださいね。奈良県は記紀の時代を終えたはるか後の活躍場所です。

珈琲ブレイク　日本人はどこから来たのか？

クリスチャンでも、日ユ（日本・ユダヤ）同祖論者でも、尊王攘夷派でもない一介の女医が、ありとあらゆる文献を漁り読んでいくうちに壮大な歴史ロマンに魅せられ、まるで紀元前の世界にタイムスリップしたような錯覚にとらわれています。本書では、日本の始まりは阿波だったとする説を中心に、日本とユダヤの符合点、日本の始まりなどについて、ダッチロールしながら面白おかしく書いていています。

太古より人々は船によって世界中を行き来し、幸運と時間さえあれば目的地まで辿り着くことが可能でした。日本においても例外ではありません。長い時をかけて多くの人種の血がシャッフルされ、今の日本人が形成されているのでしょう。飛行機の登場によって世界の距離はずいぶん縮まりました。今なら一日もあれば世界のどこへでも行けますが、何年もかけて七つの海を駆け巡った太古の人たちもまた、卓越した航海術と不屈の精神を持っていました。今も昔も「世界は一つ」なのです。

日本とユダヤの文化に相似点が多いことは、以前から多くの学者が指摘してきました。しかし、時代を問わず日本はアジア大陸をはじめ、アメリカや西洋の文化を受け入れ、今では街には横文字の看板が溢れ、これが日本人かと思うくらい英語を流暢に話し、足の長い若者が増えてきました（うらやましい限りです）。伝播のスピードこそ違え、このように世界中で文化の交流があったことを考えると、日本がユダヤ文化の影響を受けたとしても全く不思議なことではありません。そんなことを考えながら原稿を書いています。

第五章

阿波（徳島）に残る天皇出身地名の謎／伊勢神宮、諏訪大社、下賀茂神社その他の神社の元宮も阿波にある

古代ヘブライ語と日本語の相似性

紀元前三八〇〇年頃、チグリス・ユーフラテス川流域に天文、航海術等に長《た》け、白内障の手術まで行っていたシュメール人が突然出現します。ところが、天変地異によるものか民族同化によるものか分かりませんが、紀元前一〇〇〇年頃には滅亡してしまいます。

日本の天皇のことを「スメラミコト」とも言いますが、そのスメラはシュメール語で「天から降ってきた人」という意味です。シュメール語はのちの古代ヘブライ語の語源になり、いつしか東の日出《いづ》る島に文字が伝来されて阿波神代《かみよ》文字となったため、シュメール文字を阿波神代文字で宛《あて》がうと解読できたと言われます。

「そんなことしたらアカンよ」と徳島の人は言いますが、その「アカン」は聖書ヨシュア記の中の、宝物を盗んだ者の名前からきています。怒るときの「コラ!」は、モーゼに逆らったリーダーの名前が語源となっています(聖書民数記十六章十三節)。そのほかにも、日本語の源ではないかと思われる古代ヘブライ語が五百以上もあります。表はその一例です。

我々は、カタカナは漢字を崩したものだと教わりましたが、実はそうではなく、カタカナは

古代ヘブライ語の発音	意　味
アグダナシ	日本では「アガタヌシ」で集団の長という意味
アッパレ	栄誉を誇る
アラ・マー	どうしたの？
アナタ	貴方
アナニヤシ・エオトコ	結婚しましょう
アノ〜	私に応答させてください
アリ・ガト	私にとって幸運です
オイ	泣く
オニ	私を苦しめる者
オハリ	終端
カサ	傘
クモツ	捧げもの
グル	団結する
コホル	凍る
サラバ	さようなら平安あれ
ジャン・ケン・ポン	隠す、準備せよ、こい
スケベー	肉欲的に寝る
ソーラン	注目せよ
タイクァ	大化の改新の「タイクァ」とは希望の意味
タカ・シオン（高千穂）	シオンの丘という意味
ダベル	しゃべる
ダマレ	沈黙を守れ
ツラ〜	辛い
ドシン	肥満
ドスコイ	踏み落とせ
ドッコイショ、ドケ	力を込めて相手を倒すときの神への祈りで、古代ヘブライ語のドケイシュの訛り
マソリッ	祭り
マツォ（餅）	イースト菌を入れないパン（乾パンとかクラッカーのようなもの）
ミヤツコ	代表者
ヤッホー	神よ！
ヤー・ウマト（ヤマト）	神の選民の国

日本語と同じ発音での古代ヘブライ語意味対比表（杣浩二著　神戸平和研究所刊『日本文化もともとをたどれば聖書から』より）

古代ヘブライ語から生まれ、後になって漢字が伝わります。漢字はシルクロードを伝ってきた古代ヘブライ文字が変化していったものだと言われています。

「カタカナ」の語源は古代ヘブライ語で「クァタ・カナン」と言って「カナン文字」という意味なのです。ひらがなは「エラ・クァタ・カナン」と言い「カナン文字がからみあった」という意味です。このようにして日本の言語は剣山系からだんだん平地に下り、やがて関西方面へと広がっていったと、ある言語学者が仰っていました。私の祖父は「カ」を「クァ」、「チ」を「ツォ」と発音していたので、幼い私は、発音がおかしいと笑ったことを思い出しました。今考えると、古代ヘブライ語訛りがこの世代（戦前教育の時代）まで残っていたのかも知れませんね。

ここで面白い例があります。エジプトからイスラエルの民を連れ出した日が正月だから、永遠の掟《おきて》としてお正月には「マツォ」を食べることを守りなさいと神様が言いました。日本ではなぜか、ずっとお正月の風習として「モチ」を食べ続けていますよね。

また、タイクァ（大化）の改新は、中国から取り入れたのではありません。みんな旧約聖書の事項なのです。たとえば、

一、女奴隷が子を産んだらその子は母につけよ（出エジプト記二十一章四）

一、土地再分配について定めた班田収授法は六年ごとに農業用地を人々に再分配すること

（レビ記二十五章三～四）

一、生きている者が、死者のために断髪をしたり股を刺したりするような旧俗はやめよ（レビ記二十一章五）

一、不当に得た金品は倍にして徴収せよ（出エジプト記二十二章八）

十七条の憲法がどうして十七条なのかというと、十七は古代ヘブライ語で「よい兆し」を意味する数字だからです。

第三章でも触れましたが、天皇の三種の神器のひとつ、八咫鏡《やたのかがみ》の裏に書かれている文字について、天皇が学者に「なにが書かれてあるのか?」とお尋ねになったところ、「これは古代ヘブライ語でエヘイエ・アシュル・エヘイエ、つまり〝私は在りて在るものである〟と書かれてあります」と答えたということが以前の毎日新聞に載っていたそうです。「在りて在るものである」とは、出エジプトを果たしたモーゼがシナイ山で神ヤハウエに初めて逢い、「神は本当にいるのですか?」と尋ねたときに神が、「われありてあるものなり、またわれあらんとしてあらしむるものなり。汝ゆきてイスラエルの民をエジプトより導き出せ」と答えた言葉の一部です。

言葉一つをとっても、私たち日本人の起源は、遠い遠い中東地域との関係が深く、もともとの土着民を従える長は、大陸の優れた民がなしていたようです。スサナウエ（スサノヲ命）、ヘフシバ（日神子）、ツァクヤン（月読命）たちの前にもイシュァナギ（イザナギ）、イシュァナミ（イザナミ）、あるいはその前の人たちなどがすでに渡来していたのでしょう。もちろん日本にはシュメール文化を携えた人たちのみでなく、インド系、韓国系、中国系、沖縄系など多くの渡来人もすでにいて、それぞれが小豪族の長をなしていたと思われます。

彼らは大陸の王族として君臨していましたが、戦争で滅ぼされ、その一族郎党が落ち延びたところが極東の日出る島でしたので、本来は誇り高き家系の末裔なのです。小豪族同士で戦い、勝った大将は小豪族の長の娘との間に子を儲けて安定した小国を築き、勢力を拡大していったという部族もあり、その代表的な部族は、預言者イザヤ時代（紀元前九四〇年ごろ）にアークを携えてやってきたイスラエル十二支族の代表者一行ではないかということなのです。なんだか四国って敗者復活戦の地のようです。

紀元節は、紀元前六六〇年に神武天皇が即位した年とされていますので、神武天皇までの神代の時代を加えると、大体イザヤ時代に十二支族が日出《いず》る島に辿り着いた頃と合致します。彼らは土着の部族と戦い交わって勢力を伸ばし、倭国からさらに大きな邪馬台国へと拡大する一方、海人族や高天原忌部族（鴨族の祖）として日本各地を植民地にしながら勢力を増大していく過程で、さまざまに混血を重ねていったようです。

聖徳太子『未然記』の予言／二〇三〇年危機説とは？

イザヤの時代に渡来した彼らは、今度こそ神の願う国・第二エルサレム（平安京）を建国しようという壮大な夢を携えて、新バビロニア帝国やアッシリアに滅ぼされる前にやってきたのでしょう。聖書では、「神の栄光を知らない東の日出る島々の民が、やがて地球の最終章に入ったときに、地球を救う神の選民として、歌を携え神の栄光をあまねくもたらせる」というシナリオになっているのです。

それは、「君が代」に秘められた古代へブライ語訳と同じ内容なのです。旧約聖書は誰が書いたものなのか知り得ませんが、万物創造の神がいるとすれば、すでに我々の想像を超えた宇宙レベルの時空で日本人は宿命を背負い、今があるということなのでしょう。

強い意識、意志があれば、物事はその方向に進んでいきます。家を建てたいと思うだけでは家は建たず夢で終わりますが、具体的にどこにどのような、というビジョンを持つと、必ずそれに携わる人たちが出てくるので実現します。それが具体的な意識のある意志というものです。今の日本政府にないものは、このビジョンです。地球の存亡に関わるような重大な意味が「君が代」の中に隠され歌い継がれていることを知れば、日本の位置付けと果たすべき役割が見えてくると思います。ましてや地球の存亡にかかわるほどの重大な使命を背負っているわけですから、武者震いしませんか？

聖徳太子が『未然記』に「二〇三〇年に隕石が降ってきて地球最後の日を迎えるか否かは、お互いに慈愛に満ちた世界を築き自然を大切にするかどうかにかかっている」と残していますが、それを信じるも信じないもあなたがた次第だということで、連載時は軽く済ませていたのですが、それ以降超過激派組織、各国の感情の不均衡が露《あら》わになったり、天災もどんどん激しくなったりする一方です。ここで日本が頑張らないと、本当に二〇三〇年で地球が滅亡しそうな予感がします。

倭《やまと》（阿波）と大倭《おおやまと》（奈良）／歴史学者はここを間違ってしまった

前章でも触れましたが、日本の歴史学者が間違ったところは、『古事記』に記載の「倭」と「大倭」を同一視したことでした。大倭は奈良ですが、倭は奈良ではなく阿波のことだったのです。神代の時代には「大倭」は存在していませんでした。

現代の奈良地方が「大倭《おおやまと》」と呼ばれるようになったのは、はるか後の「記紀」の時代が終わって『続日本紀《しょくにほんぎ》』『日本三代実録』（平安時代の歴史書）が出てからのことです。『魏志倭人伝』では明日香村は魔神ヶ原（別名狼ヶ原）と呼ばれていました。

「大倭」はもともと事代主命《ことしろぬしのみこと》（大国主命の子）から血族によって引き継がれた官名で平安時代まで続きました。のちに源氏、平氏、足利氏などの武家時代が続くうちに、水軍として独立して存在するようになったのです。『古事記』文中の「大倭」を名乗り官名にした天皇や貴族は、大倭の役職を兼ねていた王族だったのです。

『日本三代実録』八巻清和天皇記（貞観《じょうがん》六年四月二十二日）に、「阿波国名方郡人従八位上、海直豊宗外　少初位下　海直千常等同族七人賜姓　大倭連」と記載されています。この頃には大倭の支配圏が広がり、各地への連絡、租税徴収、戦士の輸送、航海の安全などは、朝廷にとって最も安心できる血族の倭国（阿波）海人族を用いてきました。

古代最大の港が摂津の武庫浦《むこのうら》だったのはよく知られていますが、その裏山に式内社・火倉《ほくら》神社があります。「灘のひとつ火」と呼ばれる古代からある燈台ですが、ここも大倭連《おおやまとのむらじ》が代々管理していました。阿波海人の航路権が確立されていたために、江戸深川木場を阿波商人に与えて保護したのもその一つで、日本海回りの航路権でさえ、淡路（阿波路）の廻船問屋に与えていました。

博多、長崎、五島列島の漁港を開いたのはすべて阿波海人で、船がエンジンで動くようになるまでは、阿波海人の独り舞台として津々浦々まで航路権を持っていたのです。日露戦争の際にも、九州の人では漁業ができないとなると、「阿波漁民が大挙して手漕ぎ船で朝鮮半島まで出かけた」という話は、古老の漁民間で有名です。当時遠洋航行ができるのは、風すじ、海すじを口伝された、ごく限られた少数の部族だったということです。

現代の奈良地方が「大倭」から更に「大和」と呼ばれるようになったのは、「記紀」の時代が一区切りついた後です。(岩利大閑著『道は阿波より始まる』より引用)

古代天皇の出身地

阿波には、天皇や主たる部族王の父母兄弟、祖父母に至るまで、出身地がピンポイントで地名として残っています(近年の市町村合併で新しい名前になってどんどん分からなくなってきましたが)。

宮内庁から式内登録された古宮が、祠や古墳、伝承と合致した場所に建っていますが、いずれも伊勢神宮、出雲大社、諏訪大社などの元宮であるにもかかわらず、ほとんどが小さく寂れて見栄えのしない古宮です。子どもの頃は、早く壊してきれいな公園にすればいいのにとさえ思っていました。それが今でも残っているのは、式内登録されているので壊せなかったからです。主な人物の出身地を挙げてみましょう。

・初代神武天皇は徳島市渋野町《しぶのちょう》佐野
・大国主命の城は佐那河内村狭布能《さふの》
・手力男《たぢからお》命は佐那河内村府能山字大人小屋《ふのうやまあざうしこや》
・事代主《ことしろぬし》命は勝浦郡上勝町《かみかつちょう》生比奈沼ゑ《いくひなぬえ》
・五代孝昭天皇の祠も大国主命のいた佐那河内村中峰にあります。祠を守る氏子もいなくなり、雑草が生い茂る荒れ果てた境内でしたが、宮内庁諸陵寮《しょりょうりょう》考証官実地調査で確認されています
・八代孝元天皇の后・山下蔭比賣《かげひめ》（鳴門市大毛島の海人族王の速水戸の宇豆《うづ》〈津〉比古の妹）は鳴門市瀬戸町堂裏山下蔭浦
・その二人の子で、のちの大倭の司令官になる武内宿禰《たけのうちすくね》が住んでいたところは徳島市応神町《おうじんちょう》久岐（名方郡川内吉川村）で、家系図も残っています
・十四代仲哀《ちゅうあい》天皇の皇后・神功《じんぐう》皇后は徳島市川内町住吉村字神蔵。ここには住吉大明神社があり、奈良に分魂して葬り建立されたのが現在の住吉神社で、摂津の住吉大社もここの分祀です
・十五代応神天皇と十六代仁徳天皇は板野郡応神町。宮内庁の許可により応神天皇の故郷とし

て古川町から改名されました。仁徳天皇の「仁徳橋」もあります
・十九代允恭《いんぎょう》天皇は鳴門市大麻《おおあさ》町
・四十一代持統天皇（正式名は高天原広野比賣《たかまがはらひろのひめ》）は名西《みょうざい》郡神山町広野《かみやまちょうひろの》
・二十三代顕宗《けんぞう》天皇と二十四代仁賢《にんけん》天皇は大塚国際美術館のある鳴門市大毛島の出身で、幼少名をそれぞれ袁祁王、意祁王（両方ともおけ、おうと読みます）といい、袁意祁《おおけ》島が大毛島になりました。龍宮伝説（浦島子伝説）は日本最古の物語といわれ、舞台は香川県とか丹後などいろんな説がありますが、二十一代雄略天皇秋七月のこの物語は言挙げしない大毛島が舞台です

思い出すだけできりがないのでこのくらいでやめておきますが、たぶん他府県ではこのように初期の天皇一族がどこの出身だとまでは明らかにされてはいないでしょう。このことをとってみても、もともと倭国とは阿波だったと推測できるのです。

脱線ついでに、古代天皇にまつわる面白いことをお教えしましょう。天皇が倭出身であるか投馬国出身であるかは、名前の最後に「比古（ヒコ）」や「命（ミコト）」が付いているかどうかで判断できると前章でもお話ししました。

二代綏靖《すいぜい》天皇は「カムヌナカワミミ」が本名で、ヒコがないので投馬国出身。四代懿徳《いとく》天皇

（オオヤマトヒコスキトモ）はヒコが付いていますので倭人です。「友」という言葉は、懿徳天皇のトモが語源で、「誠実な」という意味からきています。六代孝安天皇（ヤマトタラシヒコクニオシヒトスメラミコト）や八代孝元天皇（オオヤマトネコヒコクニクル）もヒコやミコトが付いているので倭人です。

孝元天皇と、イザナギ・イザナミの娘・波埴夜須比賣《はにやすひめ》との間に産まれた建波埴安王《たけはにやすおう》は皇統をかけた乱を起こしますが、徳島県阿南市羽ノ浦古庄《はのうらふるしょう》で崇神《すじん》天皇に敗れて戦死します。建波埴安王の御霊《みたま》は、式内社・和耶《わや》神社で祀られています。徳島の方言で「忙しくて、てんてこ舞いする」ことを「わや」と言いますが、これは「和耶神社」からきているのです。戦いに勝った崇神天皇は海南地方も統一し、阿波国が完全に統一されることとなりました。

ついでに「あほ」の語源です。神山神領（菌床シイタケの産地）の入り口に阿呆坂という地名の村落があります。ここの阿呆山に住む猿田比古《さるたひこ》（板野郡大麻比古《おおあさひこ》神社祭神）が海に潜ったとき貝に足を挟まれて死んだことが当時の人の笑い話になったというのが「阿呆」の語源です。

もう一つ、かぐや姫の物語です。かぐや姫も実在の人物で、十一代垂仁《すいにん》天皇の后の一人です。現代流に美しいというのではなくて、生気がまるでなく魂が抜けたような姫だったそうです。

当時は、神ヤハウエの承認のもとで五人まで后を持つことが許されていました。

十二代景行天皇（徳島市矢野神領、気延山《きのべやま》に麓海城を構えていました）には五人の正妻と二人の妾《めかけ》がいて、倭建命《やまとたけるのみこと》は名も無き妾との間に出来た子供でした。このとき初めて正妻以外に女性を囲う「妾」という言葉が使われました。五人の妻は社会的立場が保障されている一方、妾は相愛であったとしても公認としての立場は保障されていないという意味です。景行天皇以降十人の妾を持つ天皇も出てきましたが、明治になって急に一夫一婦制度が導入されます。なぜならば、一夫一婦制度によって、他の女性と交わりたい多くの世の男性を合法的に廓《くるわ》に通わせ、高い税金を吹っ掛けて政府の財源にするという政策があったからです。

このように言葉さえ阿波から始まっているのです。徳島のみなさん、方言を隠さなくても、これがもとの言葉ですから堂々と使っていいのです。崩される前の言葉は東人《あずまびと》には分からないのです。

イザナギ（古代ヘブライ語でイシュァナギ＝守りたまえダビデの王統を）、イザナミ（イシュァナミ＝守りたまえナミの家系を、ナミはダビデの祖母の名）の前にも神々（渡来人）は十人ほどいました。中東や西洋では神は一人ですが、日本は渡来人を神だと思っていたので「八《はち》萬《まん》の神々」とか「八十神《やそがみ》」「八百万《やおよろず》の神」などと呼ぶようになったのでしょう。小国家（部落）の長の「〇〇のみこと（命）さん」がお亡くなりになって「××神」とお祀りしているだけで本当の神様ではないのです。だから阿波では式内登録された小さな古宮が誰にも顧みられずにひっそりと佇んでいるだけなのです。それが伊勢神宮、諏訪大社、下賀茂神社その他有名な神社の元宮なのです。

阿波探訪をされたい方は宮都阿波復元古代地図書『阿波から奈良へ、いつ遷都したのか』（笹田孝至著）を取り寄せてみてください（問い合わせ先　ＮＰＯ法人　阿波国古代研究所　０９０－７５７０－８０５１　担当　武村璋彌）。

第六章

イザナギ・イザナミ伝説の痕跡を辿って

神代《かみよ》七代《ななよ》の時代

――昔々、豊葦原瑞穂国《とよあしはらのみずほのくに》（日本）には、天神《あまつかみ》五柱に続いて現れた十二柱七代の神々（国之《くにの》常立神《とこたちのかみ》以下、大苫邊尊《おおとまべのみこと》・意富門麻比賣《おふとまひめ》、伊射那岐尊《いざなぎのみこと》・伊射奈美比賣《いざなみひめ》まで）が支配する「神代《かみよ》（世）七代《ななよ》」という世界がありました。この章では、イザナギとイザナミが大八州《おおやしま》や子孫を生んだ日本の始まりの伝説と、阿波（徳島）に残る数々の地名との符合を検証していきます。

記紀では、天地開闢《かいびゃく》のときを神代七代の時代と言います。イザナギ、イザナミはその最後に登場する人物（神）ですが、それまでの神々は子をなさずに亡くなり、子孫を残していったのはイザナギ・イザナミ以降です。

イザナギ・イザナミの前にいた大苫邊尊と意富門麻比賣は、徳島市上八万町《かみはちまんちょう》の宅宮《えのみや》神社に祀られています。この二神を祀る式内社は全国で宅宮神社一社のみで、清和天皇の御代、貞観十六年（八七四年）に「従五位《じゅごい》、名方《なかた》郡十二社第一位」とされ、全国的にも珍しい「神踊り」（徳島市指定文化財習俗技芸）が伝承されています。かつては園瀬川《そのせがわ》を見下ろす海抜二〇〇メートルの高台にあり、荘厳な森に囲まれた社殿だったそうですから、眼下には海から川伝いに入ってくる交易船や、日本神話の原景とも言える緑に萌える葦原が広がっていたことでしょう。戦国時代になって、四国平定を目指す長曽我部《ちょうそかべ》氏の兵火に遭って焼失してしまいましたが、再建時に現在の平坦地に移されました。後に、徳島の佐那河内村《さなごうちそん》に住んだ大国主命は、この上八万町を含めた一帯を「豊葦原瑞穂国《とよあしはらのみずほのくに》」そのもう少し南の海側を「豊葦原中国《とよあしはらのなかつくに》」と命名しました。豊葦原瑞穂国とは古代ヘブライ語で、「東方の日出る約束の地・カナン」という意味です。

宅宮神社には阿波神代《かみよ》文字の版木が保管されています。阿波神代文字で書かれた蔵書は長野県駒ヶ根市の大磯食《おおみけ》神社にもあります。他県には神代七代をみんなひとまとめにして祭神としている神社も何ヵ所かありますので、ぜひ探してみてください。

さて、イザナギやイザナミの名前すら知らない日本人が子育てをする時代となり、「今」を謳歌することのみに喜びを感じるようになった日本です。阪神淡路・東日本大震災を体験した我々は、今こそ地球の鼓動、太古の歴史の上に、今の日本が存在していることを知らねばならないとつくづく感じるのです。

イザナギとイザナミの親は誰だったのか、もしかして二人は同一親の兄妹だったのか、神代七代あたりのことは分かりませんが、イザナミは、イザナギを見て「あなにやし　えをおとこを！」（あら〜、いい男ねぇ）と声をかけます。ところが、女性から声をかけたせいで、まともな国が生まれなかったので仕切り直しをしたというあの物語。古文の時間、思い出しましたか？　その当時は「初めて出会って、あらいい男ってありうるけど、ずっといっしょにいるのに、ちょっといまさらどうなのよ！」なんて思ったりしていました。実は「あなにやし　えをとこを！」とは、古代ヘブライ語でズバリ「結婚しましょう」という意味です。

　イザナギとイザナミが実際に住んでいた、穴吹川を見下ろす古屋敷という場所があります。ちょうど、徳島銘菓「ぶどう饅頭」工場のすぐ後ろにある小山（丘陵）です。迷いながら車で登り、人家脇に止めて少し入ると、家庭菜園のような畑に古墳と祠《ほこら》と立て看板があります。眼下には穴吹川が滔々《とうとう》と流れ、東西、南北へと延びる道が続き、空は開けています。「ほんになあ。ここで新鮮な魚や山の実を食べて、いい空気と豊富な水に恵まれ、今でも文句の付けようのないところや……別荘にいいなあ」と思ってしまいます。そんな気が宿ったのか、饅頭屋さんも大いに繁盛して、ぶどう饅頭は押しも押されもせぬ徳島銘菓となりました。

イザナギ・イザナミの国生み

　イザナギとイザナミは、最初にオノコロ（自凝《おのころ》）島、水蛭子《ひるこ》、淡島《あわしま》という国を生みました

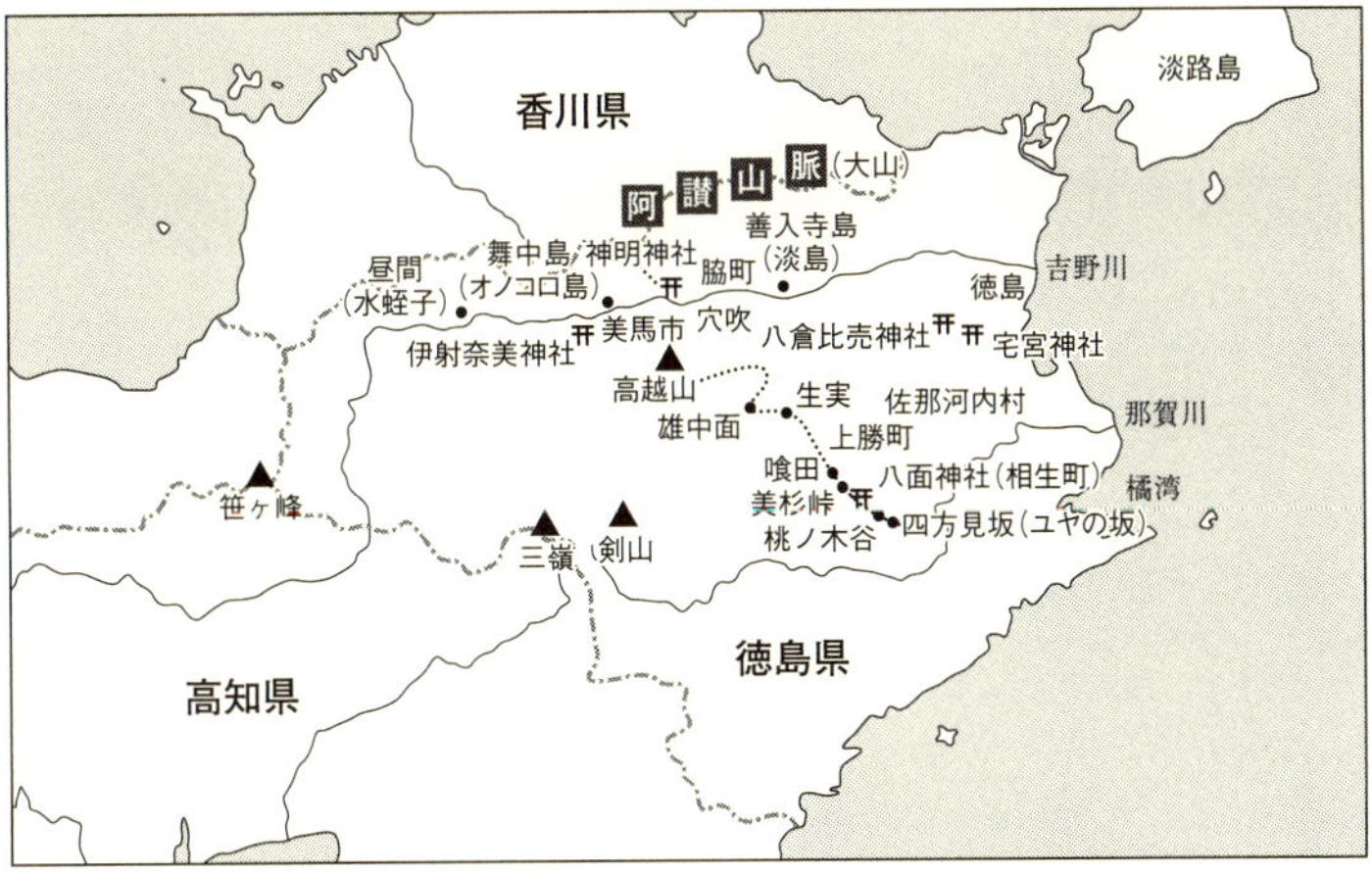

オノコロ島、水蛭子、淡島、その他主だった地名を記した地図

（上図）。

古屋敷からすぐ近くの吉野川（古代は古川と言いました）の中洲にある小さな舞中島《まいなかじま》というところが、いわゆる「オノコロ島」です。舞中島には今でも多くの人が生活しています。この島の中にイザナミ（伊射奈美）神社があったのですが、現在は移築されて鳥居と古い社《やしろ》が残るだけです。

イザナギという名を持つ神社は全国に八社もあるのに、イザナミ神社は徳島にしかありません。『日本三代実録』にも、「貞観十一年（八六九）阿波国正六位上伊射奈美神従五位」と神階《しんかい》が記されています。徳島の古宮の式内登録はこのように古い時代からのものですが、例えば淡路島の伊弉諾《いざなぎ》神宮（伊射那岐神社）などは、明治時代になって突然、天皇家の神格化政策のために式内登録されたのです。

次は「水蛭子」です。徳島県三好郡三好町には昼間《ひるま》という地名があり、角川日本地名大辞典によると〝千沼が干上がって転じた〟とあります。水蛭子は島とは書かれていないので吉野川岸の湿地帯「昼間」のことだと言えるでしょう。

三番目に生まれた淡島は、オノコロ島の一〇キロ下流にある善入寺《ぜんにゅうじ》島という日本最大の中州が昔から「淡島」と呼ばれていましたので、分かりやすいですよね。

舞中島（オノコロ島）、昼間（水蛭子）、善入寺島（淡島）という三つの島は、女性のイザナミから声を発したために失敗に終わりますが、仕切り直してイザナギから声を掛けたことにより、その次からはちゃんとした国生みとなります。

日本列島「大八州《おおやしま》」の形成

まず生まれたのは「穂の狭別《さわけ》島」――現在の淡路島です。文字どおり穂（阿波）の先から分かれた島のことで、阿波が先になければ阿波路（淡路）とはなりませんでした。淡路は、神戸領となる以前は古代から徳島の領地でした。

次に生まれたのが伊予の二名島《ふたなじま》で、阿波以外の地域です。元の阿波国を含み、現在の高知と香川が徳島と一塊となった国が「伊」の国、愛媛が「予」の国であり、つまり阿波国が四国全土を支配したという意味です。

その次の「隠伎之三子島《おきのみこしま》」は、日本海の隠岐島（島後《どうご》・西ノ島・中ノ島・知夫里島《ちぶりじま》）とされていますが、これだと三子島なのに四つの島があることから、一説によれば阿南市の沖にある伊島《いしま》・前島・棚子島《たなごじま》の三島のことではないかと言われています。普通に領土拡大と考えれば、昔も今も人間の行動や発想はそんなに変わりませんから、自然に考えたほうがいいでしょう。〝国を生む〟という言葉が使われていますが、実際は勢力拡大の矛先のことなんです。

その続きは九州、筑紫島《つくのしま》。古代倭国が全兵力を挙げて戦った相手は当時九州地方の有力部族です。強力な部族連合を作って反乱が長く続きましたが、豊玉比賣《とよたまひめ》女王（日神子の後継者）の時代に入ってから初めて九州全土を支配下に置きました。

二〇一一年十二月、福岡の友人に面白いパワースポットがあるからと案内されました。宗像《むなかた》神社です。そこの山奥に奥の院がありますが、徳島の八倉比賣《やくらひめ》神社のようにきちんとした五角形の青石組ではなく、普通の河口近くでよく見かける、丸く白っぽい石で積まれた祭壇が佇み、明らかに倭国が成立する以前

宗像神社奥の院

に渡来したエドム一族が有力豪族になった跡《あと》だと理解しました。しかし、彼らがその後日本の中枢を牛耳ることにならなかったのは、その後の奈良の古墳がやはり青石で組まれていることをみても明らかです。

以後、壱伎島（壱岐島）、津島（対馬島）、佐渡島と続きますが、佐渡島はあまりにも離れ過ぎているのと、佐渡島には壱岐、対馬といった地名がありませんから、後になって『古事記』に付け加えられた可能性もあります。

最後に生まれたのが「大倭豊秋津島《おおやまととよあきつしま》」、つまり畿内（本州）です。これら一連の国生みは、倭国が領土を拡大していく模様を示したものだと思われます。

こうしてイザナギとイザナミは、結婚して「大八州」と呼ばれる日本列島を形成する島々を次々と生み出しました。『古事記』の記述をもとに、イザナギ・イザナミが生んだ順に島・国名をまとめてみますと、次のようになります。

一、淡路（淡路島）＝穂の狭別島（ほのさわけじま）
二、伊予之二名島（四国）＝胴体が一つで顔が四つある（顔とは次のとおり）。

①伊予国（愛媛）＝愛比賣（えひめ）
②讃岐国（香川）＝飯依比古（いよりひこ）〜阿波女に依《たよ》る讃岐男という意味
③粟国（徳島）＝大宜都比賣（おおげつひめ）
④土佐国（高知）＝建依別（たけよりわけ）〜後世に「伊」の国の一部から分国されたとき、讃岐の食糧名に対して土佐は軍団を表す男性名となった。

三、隠伎之三子島＝天之忍許呂別（あめのおしころわけ）

四、筑紫島（九州）＝胴体が一つで顔が四つある（顔とは次の通り）。
①筑紫国＝白日別（しらひわけ）
②豊国＝豊日別（とよひわけ）
③肥国＝建日向日豊久士比泥別（たけひむかひとよくじひねわけ）
④熊曾《くまそ》国＝建日別（たけひわけ）

五、壱伎島（壱岐島）＝天比登都柱（あめのひとつばしら）

六、津島（対馬島）＝天之狭手依比賣（あめのさでよりひめ）〜依とは、元国に頼って生きているという意味

七、佐渡島＝なし

八、大倭豊秋津島（本州）＝天御虚空豊秋津根別（あまつみそらとよあきつねわけ）

これらを見て分かるように、「別《わけ》」が付いている国は、比賣、比古などの名前がある四国とは別の国であって、元国ではないのです。

また、『古事記』に何度も出てくるのは、阿波の大宜都比賣《おおげつひめ》だけです。大宜都比賣は穀物の神で、元来「宜」とは御膳《みけ》の「ケ」で食べ物の総称です。ほかにも生きていくために必要な衣、食、住すべてを「ケ」で表し、今日では物質的なものにとどまらず、「気」という根源的なエネルギーも含んで表現しています。

ちなみに私も阿波の国府町《こくふちょう》気延山麓、古代天石門別《あまのいわとわけ》八倉比賣神社境内に住む宜子《よしこ》です。この界隈《かいわい》では私しかこの「宜」の字はありません。そのせいか、「火《ひ》の魂《たま》」とあだ名が付くくらいにエネルギーがあったのでしょうか。

私の家の近くにある神山町の上一宮大粟《かみいちのみやおおあわ》神社（古代はこの神社もすべて八倉比賣神社の敷地でした）では八倉比賣のことを大宜都比賣といい、八倉比賣神社は、天照大御神（大日孁《おおひる》命《め》）を祭神としています。天照大御神と大宜都比賣は、現人《うつせみ》と穀霊といった関係で、伊勢神宮の外宮《げくう》（豊受大神《とようけのおおかみ》）と内宮《ないくう》（天照大御神）は、阿波が原型になっています。

この豊受大神は、延喜式神名帳には「阿波の和奈作意富曾《わなさおふそ》神社の豊宇賀能売神《とようかのめのかみ》を奉ずる和奈《わな》作《さ》」と書かれていることから、この和奈作神集団があっちこっちに宣布して回ったのでしょう。

『出雲風土記』に書かれている「阿波枳閉和奈佐比古神社《あわきへわなさひこ》」の〝アワキへ〟とは「阿波から来た」という意味ですから、この和奈作神集団の本拠地は阿波ということになります。

阿波の大宜都比賣は「豊受大神」とか「稲荷大神」と神名を変えて方々で祀られています。稲荷神社の稲荷とは稲飯《いない》が変化したもので、江戸時代の国学者が付けたのだろうと思われますが、どうしてキツネなのかは稲荷ずしが茶色でそれがキツネを連想するといった程度の話なんだろうと解釈しています。日神子の息子たち根子神を祭神にしていたら、地元の意味を知らない人たちが勝手に「猫」を神社に捨てるようになり、やがて「猫神」よろしく神社のほうも乗ったみたいないわゆる「ごろ言葉」と同じことではないかと思っています。

イザナギ・イザナミの子孫、武内宿禰《たけのうちのすくね》

話がそれてしまいましたが、イザナギ、イザナミは吉野川河口から上流にある穴吹川と交差する地点の丘陵、穴吹町古屋敷に居を構えます。四万十川《しまんとがわ》は日本一の清流と言われていますが、検査の結果は穴吹川が一番です。「高知県のほうが、宣伝が上手いのです」と治水検査をしている大学教授がロータリークラブの毎週の恒例行事、卓話で講義されていました

国生みを終えたイザナギとイザナミの間には、やがて山の神・大山津見神《おおやまつみのかみ》、野の神・鹿屋野《かやの》

比賣神《ひめのかみ》という二人の子ができます。『日本書紀』では草祖《くさのおや》野媛命《かやのひめのみこと》と鹿江比賣神《かえひめ》のことです。この神社も式内社で全国に一社、徳島にしかありません。現在は葦稲葉《あしいなば》神社（徳島県板野郡上板町神宅）として祀られています。イザナミが亡くなる少し前に、波邇夜須毘古神《はにやすびこのかみ》と波邇夜《はにや》須比賣《すひめ》が生まれます。波邇夜須比賣は大人になって八代孝元天皇の后となり、建波邇安王《たけはにやすおう》を産みます。

前にもちらっと書きましたが、この王は皇統をかけた大反乱を起こして崇神《すじん》天皇に敗れてしまいます。孝元天皇はほかにも鳴門市堂裏の山下蔭比賣《やましたかげひめ》とも結婚していて、明治から昭和初期の紙幣印刷で有名な武内宿禰（奈良大倭の総司令官）は二人の子です。武内宿禰には家系図が残っていますので、孝元天皇も架空の人物ではありません。ということはもちろん、一代さかのぼればイザナギ、イザナミも架空ではないということです。

日本銀行兌換銀券一円券（明治二十二年発行）に使われた武内宿禰の肖像画

二人にはやがてイザナミの死という形で別れが訪れます。イザナギは、イザナミの亡骸を古屋敷や舞中島から見える高越山《こうつざん》の山頂に埋めてやります。『古事記』には「イザナギはいづもの国と、ははぎの国の境の比婆山に葬った」とあります。比婆山とは尊い女性を祀る山を意味し、実は高越山のことです。高越山は修行僧の大聖地で、空海も二十八歳のときにこの山で修行しています。日本で一社しかない伊射奈美神社の縁起にも「美馬郡拝村《はいむら》山絶頂にあり俗に高越大権現。祭神一座、伊射奈美命」と記されています。舞中島あたりは古来より「ハハキの国」といい、徳島では昔から穴吹川から上流を「そら」、下流を「いづも」と呼んでいました。このことは古事記にぴったりと一致するのです。

第七章　イザナギ、黄泉の国から脱出する

イザナミが生んだ神々

『古事記』や『日本書紀』では、イザナミの体中から多くの神々が生まれるという話になっていますが、現地で確認できる本当にいた子は、大山津見神《おおやまつみのかみ》、鹿屋野比賣神《かやのひめのかみ》、波邇夜須毘古神《はにやすびこのかみ》、波邇夜須比賣《はにやすひめ》の四人だけです。

最初に生まれた大山津見神は、やがて阿讃《あさん》山脈（昔は単に大山《おおやま》と呼ばれていました）を支配して大山住神《おおやまずみのかみ》と言われるようになり、瀬戸内の航路さえも支配する実力者になりました。「大山○○」あるいは「大山××」と呼ばれる諸国の神社は、阿讃山脈の山頂に祀られていた大山住神の分魂です。この地には西範法師がいて、わが国の仏法発祥の地とも言われます。この山の中腹に真言宗醍醐派仏王山玉林院（六九一メートル）があり、ここから大治《たいじ》元年（一一二六）崇徳《すとく》天皇時代の経筒《きようづつ》（重文）が出土しています。

この大山住神の娘が木花咲夜比賣《このはなさくやひめ》です。彼女は、日神子とスサノヲ命の孫・ニニギ命（日神子とスサノヲ命との長女・田寸理《たぎり》比賣〈または多紀理比賣〉と、スサノヲ命と櫛名田《くしなだ》比賣との子・大国主命との間にできた長男で阿遅鋤高日子根神《あぢすきたかひこねのかみ》のこと）と結婚して三人の子を生み、海幸彦、山幸彦の物語へと続いていきます。

山幸彦は倭城《わき》（現在の徳島県美馬《みま》市脇町《わきまち》）の住人になります。木花咲夜比賣は――おそらく結核に罹《かか》っていたのではないかと思うのですが――死期を悟って大山に子どもたちを残し、夫のいる宮（徳島県美馬市穴吹町）まで辿り着いたときに血を吐いて死んでしまいます。そのため、穴吹川に沿った新宮神社あたりは「血野」と名づけられました（現在は「智野」に変更）。

夫のニニギ命はなぜか白人《しらひと》大明神と呼ばれて神明神社に殯宮《かりもがりのみや》があります。地元では木花咲夜比賣のことを「おはなはん」、ニニギ命を「しらひとはん」と呼んでいます。ニニギ命は色の白い人だったのかも知れませんが、アビグドール・シャハン博士（イスラエル共和国教育省長官）は、「〝シラ〟は古代ヘブライ語でイスラエルの祭儀を行う際にレビ族が歌う歌という意味の言葉からきています」とおっしゃっています。

神明神社の礼拝所はイスラエルの古代礼拝所と酷似していますので、元駐日イスラエル大使のエ

神明神社礼拝所

リ・エリヤフ・コーヘン氏はこの不思議な一致に驚いていました。ここの氏子は二千年以上昔から「宮人《くにん》七十五人」という決まりがあって、遷宮、お弓、神輿渡御《とぎょ》の行事を行い、決して他家を行事に入れないそうです。

この「七十五」という数字ですが、中国開封《かいほう》のユダヤ人の神殿に仕える家族も「七十五家族」なのです。長野県諏訪大社の御頭祭《おんとうさい》も「七十五頭」の鹿が生贄《いけにえ》となり、年間七十五の儀式があります。旧約聖書では、出エジプト記一章五節にヤコブから生まれた者の総数は七十人とありますが、イスラエル十部族が持っていた聖書「サマリア五書」では「七十五」となっていて、七十五はイスラエル十部族には尊ばれる数字なのです（『日本文化もとをたどれば聖書から』杣 浩二著より）。

私の友人に富士山の近くで開業している女医さんがいて、同窓会で「富士山と木花咲夜比賣はなんだか関係があるらしいよ」と言っていましたが、ゴメンナサイ……それは今の富士山ではなく〝阿波富士〟のことなんです。ニニギ命の宮は阿波富士、すなわち高越山《こうつざん》の近くです。

さて、このニニギ命からの家系で起こる話は、聖書の内容とよく似ていると言われています。調べてみると確かによく似てはいますが、ちょっとこじつけ的な気がしています。『古事記』では、山幸彦と日神子二代目の豊玉比賣《とよたまひめ》が結婚し、出産した男子たちの面倒を豊玉比賣の妹、玉依比賣《たまよりひめ》に頼んだら、男子たちと玉依比賣の間にできた子の一人が神武天皇になるということになっています。

黄泉の国脱出物語

グループホームに入居された、東京の八十六歳の老紳士がおっしゃいました。

「先生、以前東大の教授が公開講座で〝本当の黄泉《よみ》の国は阿波にあり！〟とおっしゃっていたのがずっと記憶の端にあるのですが、どこのことでしょうか？」

この老紳士はシベリア抑留後の生還者ですが、亡くなった仲間の御霊を提《さ》げて、四国霊場八十八ヶ所を回りながら、どこにいるのか分からない日神子さんに会うために、「黄泉の国はどこなんだろう」「初めに言葉ありき、神は言葉なりってどういうことなんだろう」と訪ね歩きながら、グループホームの近くで脳梗塞を起こして倒れたのでした。徳島でもその伝説を知っている人はほとんどいないというのに、よくもまあ、私の目の前で倒れたものだと思いませんか？　神様がここで倒れるようにプログラミングしていたとしか考えようがないくらい摩訶不思議なことですね。

では、引き続き皆さんを黄泉の国へと誘《いざな》って参りましょう。それはね、イザナミとイザナギは仲良く暮らしましたとさ……では終わらないのです。

＊

昔々、渡来人がそれぞれ卓越した大陸文化を携えて東の果ての島に辿り着きました。土着民にとってそれはそれは、あの黒船来航以上に大変なことで〝おおっ、神様！〟と思って当然だったと思います。その神様が土着民の長となって小部落を形成していくのですが、そんな有力な毛色の違う（お互いに元の出身が違う）部落が点在していて緊張状態にあり、自分がやらなきゃやられるから戦争をする。戦争をして勝ったほうの長は負けた側の長の娘や奥さんと情を交わして子を為し平定するという道をとっていったので、イザナギを愛するイザナミは嫉妬に狂う狂う。仕方がないなんて言ってられません。

「またも浮気か！　どうしてくれよう」てなもんで、まずは家出をして高越山《こうつざん》へ。イザナミは妊娠していたので、心配したイザナギは帰ってこないイザナミを迎えに登ります。

阿波古事記研究会制作の看板より

「他《ほか》の女に寝取られるくらいなら、いっそ殺してやる！」とイザナミ。「母ちゃん（妻・イザナミ）ゴメン。恐い、恐い、許して～」と逃げまどうイザナギ。

「ぶどうや桃なんかくれたって、この嫉妬の憎悪たるや治まるものか！」とよけいに腹が立ってますます追っかけるイザナミ。

そんな逃走劇の果てに、母ちゃんのしつこくて許さない根性にうんざりしたので、でっかい岩で道をふさいで二度とイザナギは帰ってこなくなったとさ……。

これが実際にあった黄泉の国脱出物語だと私は解釈しました。人間なんてすることも感情も昔から変わらないのです。まずは『古事記』にはどういう内容が書かれているのかとともに、イザナギが黄泉の国から脱出した軌跡を簡単に辿ってみることにしましょう。

『古事記』にはこう書かれています。

《「見てはいけない」と言われた妻の死体を見てしまった夫のイザナギは、黄泉の醜女《しこめ》に追われ、逃げる途中で頭の髪を束ねていたカズラをほどいて投げた。するとそのカズラに山葡萄の実が生り、追っ手がそれを食べている間にイザナギは逃げた。山葡萄を喰い終えた追っ手たちは、なおもイザナギに迫ってきた。そこでイザナギは、右の髪に挿していた櫛を投げ捨てるとタケノコが生えてきた。それを追っ手が抜いて食べている間に逃げたが、今度は黄泉の軍勢まで加わって黄泉比良坂《よもつひらさか》の坂本まで追ってきた。イザナギは桃の実を三個取って投げつけると、軍勢はことごとく逃げ失せた。最後にイザナミが追いかけてきた。そこで、イザナギは千人で引くほどの巨大な岩で道をふさいだ》(現代語訳)

高越山をひた走り〝葉っぱ産業〟で有名になった徳島県勝浦郡上勝町《かみかつ》に入ると、「山葡萄の実が生り」に該当する生実《いくみ》、「髪を束ねていたカズラをほどいて投げる」に該当する雄中面《おなかづら》、「追っ手が食べる」に該当する喰田《しよくた》(くったと呼ぶ人もいます)という地名が、昔から順番どおりに並んでいます。

上勝町の月ケ谷《つきがたに》温泉から美杉《みすぎ》峠を越えて南へ下ると、巨大な岩が出現します。『日本書紀』には、「千人所引《ちびき》の磐石《いわ》」とあり、千人で引くほどの大岩です。『古事記』に「黄泉比良坂の坂本に到りし時云々」と書かれているように、このあたりの地名は「那賀町《なかちよう》内山字坂本」となっています。

島根県八束郡東出雲町《ひがしいづもちようい》揖屋《や》にある高さ二メートル、幅二メートルほどの岩の前に「千引き岩」と書かれた看板が立っていますが、ここにある岩はそんな小さいものではありません。幅二十メートルほどの大岩群が――噴火の際に吹き飛ばされたのか山から崩れ落ちてきたのか

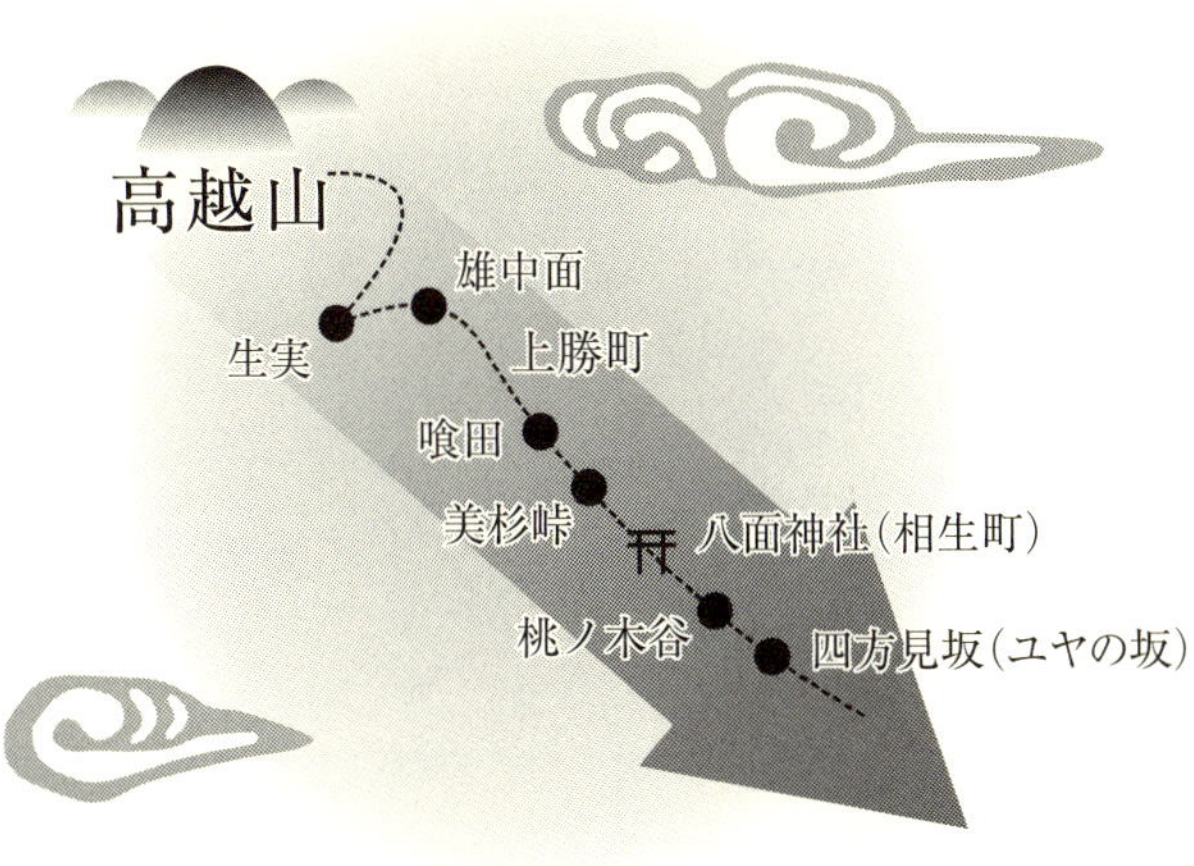

高越山から四方見坂へと続く地名

――自然のままゴロゴロと転がっています。

また「タケノコが生えてきた」に該当するのは相生町《あいおいちょう》（竹ケ谷《たけがたに》に八面神社《やつらじんじゃ》があり、頭の神様、竹で作った灯籠で知られる）、更に南下した丹生谷《にゅうだに》地域には「桃を投げた」に該当する百合《もあい》、桃ノ木谷、桃付《ももつき》などの地名が残り、蔭宮八幡神社などには桃を象《かたど》った木彫りや屋根瓦があります。

その先の、徳島県那賀町の曲がりくねった山道に「四方見坂《よみさか》トンネル」があり、そこから続く細い坂を「ヨミ坂」と言います。その付近には「ユヤの坂」や「湯谷《ゆや》神社」があり、神社境内の手水鉢《ちょうずばち》には「桃木尊」と彫ってあります。『古事記』では「イザナギが黄泉の国から逃げ戻る道を黄泉比良坂《よもつひらさか》と言い、出雲国の伊賦夜坂《いふやさか》である」となっていますが、もうこのあたりは

蔭宮八幡神社の桃を象った瓦

雄中面

四方見坂トンネル

喰田

ユヤの坂バス停

千引の岩

山の中とはいえ、阿波ではすでに「いづも」（海）地区に入っていますので、このようにして地名を辿っていくと、「出雲国の伊賦夜坂」とは「ユヤの坂」のことで、黄泉比良坂とは徳島県美馬市穴吹町から山を越えて阿南市までつながる道であることが分かります。

黄泉の国から生還したイザナギ

さて、かろうじて黄泉の国から逃げ帰ったイザナギは、「竺紫《つくし》の日向《ひむか》の橘の小門《をど》で禊《みそぎ》を行なった」と『古事記』には書かれています。普通なら「筑紫の日向」だから九州の宮崎県だろうと思ってしまいますが、前にも書きましたように宮崎県が日向と呼ばれるようになったのは、十二代景行天皇になってからのことです。

ツクシとは「尽きる」、日向とはヒムカからヒムカシ、ヒムガシ、ヒガシへと変化した「東」という意味なので、筑紫の日向は「東に尽きた所」ということになります（日本語はややこしいですね）。

筑紫の日向は当時の倭国の領土で、四国の最東端に位置する徳島県阿南市の橘湾のことだと考えられます。この橘湾で、イスラエルからイザヤ時代になって辿り着いた第二陣、スサナウエ、ツァクヤン、ヘフシバと、黄泉の国から生還したイザナギが出くわし、これでユダヤ人のいう都市伝説がうまく一致していくのです。

第八章

阿波＝邪馬台国と日神子（卑弥呼）の最期

チャイコフスキーのヴァイオリン協奏曲ニ長調（作品三十五）第一楽章、あるいは第二ヴァイオリンがリズムを軽快に刻む第三楽章のメインディッシュ（ユーチューブでは『のだめカンタービレ』の中で千秋《ちあき》さんが指揮をしているところ）が映像とともに聞こえてきました。すると、こんな場面が浮かんできます。

《黒潮に乗り、一年半の航海を経て四国の室戸岬を回った頃、

ツァクヤンは舳先《へさき》に片足を立て、希望に胸を躍らせながら

風にたなびくほど伸びた髪の毛をさっそうと両横で結わえて叫んだ。

「みんな、着いたぞー。そうだ、この地を〝ヤー・ウマト〟（神の選民の国という意味の古代ヘブライ語）と名付けて、真のエルサレム（古代ヘブライ語でエルシャローム、平安京）を創るんだ！」（完）》

舳先に立つツァクヤンのイメージ

「これはまた面白そうな映画ができそうじゃないですか」という声が聞こえてきます。『ザ・ヴァイオリン』よりもこっちの方が面白いと……。複雑な心境です。

同胞との再会

黄泉の国を脱出したイシュァナギ（イザナギ）は、橘湾（徳島県阿南市）の海岸で同胞のヘフシバ（ヒゼキア后妃・日神子）、ツァクヤン（後のシャル・ヤシュブ・月読命《つくよみのみこと》）、スサナウエ（スサノヲ）たちと遭遇しました。彼らのほかにもおそらく多くの友やイスラエル十二支族の代表がいたことでしょう。この頃はまだイスラエルが崩壊する前ですから、いわゆる「失われた十支族」という北イスラエルの人たちも一緒でした。『古事記』にも、「イザナギが禊《みそぎ》をしたとき、女神が投げ捨てた杖から化身して十二人の子が生まれる」という話があり、これはまさしくヘフシバ率いる十二支族に符合します。

ツァクヤン　我々は「アークを隠して真のエルサレムを建国せよ」という神のお告げを遂行するためにやって参りました。故国エルサレムのモリヤ山（一二五二メートル）に似た山はないでしょうか？

イシュァナギ　それなら、この私が住んでいる場所よりも更に奥地に「剣山」という高い山（一九五五メートル）があります。そこは山頂でも水が豊富に湧きますので人も住めます。鍾乳洞もありますからアークを隠す場所はきっと見つかると思いますよ。

ツァクヤン　それは好都合です。さっそく案内してください。

イシュァナギ　しかし見張りが必要ですから、スサナウエさんはしばらくの間、橘湾から南の海岸あたりを治めてください。ヘフシバ様は、お名前をそのまま使うとヒゼキア后妃だとばれてしまいますから、「天照らす日の神子・ヒミコ」と名を改めて下さい。ツァクヤンさんたちはアークを担いで一緒に来て下さい。

こうして一行は、かつてイシュァナギが吉野川河口から奥地へと入植したルートではなく、逃げてきたばかりの黄泉比良坂ルートに沿って流れる勝浦川を、タルシン船でさかのぼります。タルシン船は平底ですから、そのまま川を上ることができます。

途中でいったん船からアークを降ろし、陸路に変えた場所に船盡《ふなはて》比賣神社（神山町《かみやまちょう》）があります。境内には神代文字の石碑や幟《のぼり》が立ち、古代の神聖なる墓として用いられた青石で組んだ三柱神（次頁写真）があります。これは、京都の木嶋神社（蚕の社）の三柱鳥居の原型だと思います。ユダヤ教ではカッバーラ（密教）といって、御父エロヒム（均衡）、御子ヤハウエ

（慈悲）、聖霊ルーハ（峻厳《しゅんげん》、破壊）を表します。

一行は剣山に辿り着くと、目印となる鶴と亀の形をしたでっかい岩を見つけて「鶴亀山《つるきさん》」と名付け、その岩の下に広がる鍾乳洞に「アーク」を隠しました。その場所はどこなのかいまだに謎ですが、後に空海は後世まで歌い継がれるように、しれっと童謡にして「カゴメ、カゴメ……ツルとカメがすべった……」という不思議なカゴメ歌を作っています。

この地を「ヤー・ウマト」開祖の地とし、更に勢力を広げるため、日神子は鶴亀山（祖谷《いや》村に落ち延びた平家が、安徳帝の〝ムラクモの剣〟を隠したので剣山と呼ばれるようになったとも）を下山して、神山町の高根山にある悲願寺一帯を拠点にしました。もちろん、第二エルサレム、永久なる平安な都・シオンを創るためです。シオンとは聖地エルサレムの別名で、京都祇園祭の祇園はシオンからきています。

船盡《ふなはて》比賣神社にある青石で組んだ三柱神

「剣山に隠されたアーク伝説」については、あまり知られていないのですが、戦前までの徳島には、昔からの言い伝えとして残っていました。

「アーク」「契約の聖櫃」あるいは「キングソロモンの秘宝」と呼ばれるものは、金銀財宝のお宝ではありません。ユダヤの三種の神器である「十戒が彫られた石盤」「マナの壺」「アロンの杖」の三つを収めた箱で、縦・横二・五キュビット（約一・一メートル）×高さ一・五キュビット（約六〇センチ）、アカシア材に金箔を貼り、蓋の上には一対の黄金製ケルビム（天使の羽）があり、下部は二本の棒を通して担《かつ》ぐようになっています（エルサレム神殿ができるまでは移動式の神殿だったためにこのような形となりました）。これはモーゼが神の啓示を受けて作ったもので、羽と羽との隙間は神の玉座となっています。そのレプリカが日本のお神輿になるわけです。その隙間の意味について、バプテスト系教会の神父さんはこう語っています。

《聖櫃の一対のケルビムの羽は完全なる正義と完全なる慈悲を表し、それらは同時に成り立たないためにケルビムの羽同士に隙間があると言われ、それはキリスト（完全なる正義と完全なる慈悲を成立させる救い主）の到来を示しています。

完全な正義を貫けば慈悲は発生し得なく、完全な慈悲を貫けば正義が守れないという矛盾を神は抱えているということです。「完全な正義」とは具体的には十戒を破れば、魂の死を引き起こすという神と人間の契約の完全実施であり、「完全な慈悲」というのは、どのような十戒破りだろうが罪一切を免罪するという神の愛の姿勢です。エホバの神はどちらも持っているということです。そこで、キリストの到来があり、その正義と慈悲の間に十字架を立て、その橋渡しをするのが「救い」とされます。

ここで、イエスをキリストとしてその役目を果たしたとするのがキリスト者やキリスト教であり、イエスは偽物だとして、まだキリストを待っているのがユダヤ教の立場ということになります。

キリスト者は、「イエスは神と人間の間に生まれた神の一人っ子であり、三位一体として、父なる神、子、聖霊の一つとして神である」と考えます。その中心的存在である父なる神が、すべての人をその人間が持っている原罪ごと尊いと思い、愛し、慈悲を与える立場を貫くために、イエスが神性であるからこそ、完全なる無垢であるがゆえ生贄《いけにえ》になることができるため、イエスを自分が犯した罪でなく、全人類の罪をすべて受けさせ、無実の罪で十字架につけて地獄に墜《お》とすことで、神と人間との契約にもとづく正義をも全《まっと》うしたとしているのです。

また、そのイエスは地獄の扉を壊して再度復活したとされるため、地獄は解放され、神は人を常に赦《ゆる》すことができるとされたわけです》

——へぇ～、なんだか難しいけど、そうだったんだ!!

アークを手にしたものは全世界を支配することができると信じられ、ヒトラーも探し求めていたという笑えない事実があります。グラハム・ハンコック著『神の指紋』ではエチオピア説を説いていますが、エチオピアの始祖だと言われるソロモン王とシバの女王の間に生まれたメネリク一世の血統で一九三六年にイギリスに亡命したエチオピア最後の皇帝、ハイレ・セラシエは、「ロストアーク（失われた聖櫃）はメネリク一世がエチオピアに持ち込んだのではないか」という質問に対して、「ロストアークは東洋の日本に必ずある」と生前に答えています。

ハリウッド映画インディ・ジョーンズシリーズ『レイダース・失われたアーク』ではエジプトの砂漠の中が舞台となっていますが、最後には政府機関「エリア51」に隠したということになっています。実は「エリア51」とは、あいうえお五十音に「ん」を足して五十一音の日本を示唆しているらしいのです。ハリウッドではアークが剣山にあるのではないかということは意外と有名な話だ

アークのイメージ

そうです。聖書外典・マカバイ記Ⅱでも「アークは持ち出されて東の日出る島の秘密の洞窟に隠した」と記されています。

剣山のアーク伝説に生涯をかけた人たち

「二・二六事件」が起きた一九三六年の七月、神奈川県尋常高等宮前小学校の校長・高根正教《たかねまさのり》氏たちは、資金をカバーしながら剣山の頂上一帯を発掘しました。三年かけて一三一メートルまで掘り進んだとき、アーチ状の空間の天井にはめ込まれた三日月形の大理石と、それを粘土で固めてある人工構造物を発見しました。その奥には高さ十五メートルの大理石の「ピラミッド」と、黒曜石でできた「太陽石」がありました。その情報はすぐに中央に伝えられたのですが、なぜか特高警察により不敬罪で検挙され、発掘品はすべて没収されました。

高根氏は二〇一〇年暮れに九十歳で亡くなりましたが、半生を剣山のアークと言霊《ことたま》の研究に費やし、その功績は、後に続く人たちに受け継がれることになります。

一九五〇年には、清水寛山氏の発掘を皮切りに、多くの人たちが剣山にショベルを持って登るようになりました。しかし、何事も決められない日本政府がこの対応だけはなぜか早く、剣山一帯を国定公園に指定して、二度と発掘できなくしてしまったのです。

しかしその後、一人だけ発掘を許された人がいます。ソロモン諸島まで調査をした筋金入りの元海軍大佐、山本英輔《やまもとえいすけ》氏です。彼は一九五二年、高根氏が拓《ひら》いた坑道を掘り進み、亀岩の下あたりまで来たとき、土器と石で組まれた空間と、百体のミイラを発見しました。これは地元紙でも取り上げられました。世界史を塗り替えるほどの発見でしたが、資金が底を突き、それ以上は断念します。

この発見はフリーメイソン（世界一の富豪・ロスチャイルド家を頂点におく秘密結社。ここから派生して、秘密じゃなく明るいロータリークラブができます）の知れるところとなり、海外からわざわざツアーを組んでユダヤ人が訪れるという事態に発展しました。元駐日イスラエル大使のコーヘン氏も計三回登りましたが（退任後の二〇〇九年には私も一緒に登りました）、大使が現役のときには辺鄙《へんぴ》な四国の山里の空を巡回護衛ヘリコプターが飛び交い、地上では護衛の車両が列をなすという仰々しいものだったそうです。コーヘン氏はそんじょそこらのユダヤ人とは格が違い、三五〇〇年前から続くアロン（モーゼの兄）の系統ですので、世界のユダヤ人はコーヘン氏が来るとなれば何を差し置いてでも挨拶に出向くのです。

ロスチャイルド家の人も何度か登ったそうです。ヨーロッパを拠点とするロスチャイルド家は、アメリカの三倍くらいの資産を保有していると言われ、八〇〇兆円で「四国全土を買いたい」と政府に打診したという都市伝説もあるくらいです。当時の日本の借金額と同じです。要するに借金をチャラにしてやるから四国をくれってことですね。長者番付世界一はマイクロソフトのビル・ゲイツ氏だと思われていますが、それは数えられる財産を持っている庶民の番付にほかなりません。四国はイスラエルとほぼ同じ大きさです。もし、ロスチャイルド家が四国を買っていたとすれば、私は何人になっていたのでしょうね？

山本英輔氏のミイラ発見を聞きつけたアメリカ軍（第二十四師団第十九連隊）は某年十月の深夜、工兵部隊に命令して剣山発掘を決行し、顔に「丹《に》」の筋が入ったはっきり分かる八体の女性ミイラを副葬品とともにアメリカ本国へ持ち帰りました。私が洞窟に入ったときには、不動明王の石板で蓋をされて中に入れないようになっていました。近年、無断で発掘を試みた人がいましたが、途中で大怪我をして断念しました。

結局のところまだ誰も見たことはないのですが、あるにせよないにせよ、そういったものはそうそう見つかるものではなく、むしろ「アークがあるから戦後日本は平和が保たれた有り難い国となり、世界に平和をもたらす使命を帯びた国なんだ」というアイデンティティーを持てば、日本の若者は前向きに生きやすくなるのではないのでしょうか。私が言いたいのはまさにこの一点です。

そして、アーク饅頭を売り、山頂にはアークのレプリカでも置き、いつの日かユダヤ教もキリスト教もイスラム教も関係なく山頂に集い、手を携えてみんなで仲良く第九を歌う姿を見たいものです。もともとは同じ神なんですから、宗教が政治に使われて戦争ばかりするのはばかばかしい限りです。

日神子の実像

高根山悲願寺を拠点にして勢力を拡大した日神子は、預言者イザヤ時代に実在した、当時推定二十四歳のヒゼキア王朝の后妃ヘフシバのことです。一説にはイザヤの娘だとも言われていますが、詳しくは分かりません。特別高貴な方であるがゆえに「天照らす日の神子（日神子）」と尊称されたのがヒミコの始まりです。

日神子は、卑弥呼（中国の当て字）、大日孁命《おおひるめ》（死後の名前）、大宜都比賣《おおげつひめ》（穀霊名）、八倉比賣《やくらひめ》と呼ばれたり、全国各地のお稲荷さんになったり、伊勢の神宮では豊受大神《とようけのおおかみ》という名で祀られるようになったりしましたが、これらはすべて同一のものです。

日神子が預言者イザヤの娘だとすれば、当然、巫女のような呪術的なことを政治に用いたものと想像されます。コンビニがあるでなし、なんでこんな辺鄙《へんぴ》なところに住んだりするかなあ……と最初は不思議に思いましたが、『魏志倭人伝』には「あまり人々の目に触れないところに居住」と書かれてあるので、さもありなんです。

後に、日神子のそばにいたいと願った源氏の大祖、源満仲《みなもとのみつなか》（多田満仲）は、わずかな家臣を引き連れてこの谷に住みつきました（墓もあります）。悲願寺本堂は、満仲の子息美女丸《びじょまる》（平安時代）が建立したと言われています。現在は滝の小道入り口に三、四台分の駐車場があり、「邪馬台国へようこそ」と遠慮がちに書かれた看板が立っているのですが、一般の人がこの看板を見たら、きっと「えっ？　なんのこと？」と思うでしょうね。

「雨乞いの滝」を中心とする七つの滝（日本の滝百選）を眺めつつ、エッチラオッチラ登ります。約一時間歩き、更に四十分かけて悲願寺までの階段を上ります。このあたりは、台風で日神子に追従したと思われる人骨が山のように流れ出てきたので「手足谷」と呼ばれています。

悲願寺の本尊は千手観音で、皇室の守護仏とされています。この千手観音は菊の御紋の錦で覆われ、中心には八咫鏡《やたのかがみ》が供えられています。『魏志倭人伝』に「日神子は千人の奴婢《ぬひ》を侍《はべ》らせている」との記載どおり、高根山の緩い斜面には、千人が暮らすために十分な広さがあります。苔むした独特の雰囲気があり、ここにはイスラエルの風習に則って二十四時間三百六十五日、火を絶やすことのない常夜灯が設置されています。時間に換算すると、ざっと二十四時間×三百六十五日×二七〇〇年で、約二千三百六十五万二千時間もの間、点灯し続けているのです！

日神子たちは自給自足していたのではなく、高根山の西隣の三ツ木という所で農民を指導して作物を作らせ、貢《みつぎ》を受けていました。ここの出身で、バプテスト教会の名誉牧師、三ツ木さんがいらっしゃいます。かなりご高齢の方ですが、「日神子は高天原《たかまがはら》忌部《いんべ》族だった。かつてイスラエルから来たのだろう」と証言され、五〇年以上昔にそういった論文を発表しておられます。

この界隈は山蚕《やまがいこ》（養蚕）も盛んで、山蚕はやがて事代主命《ことしろぬしのみこと》の時代になると、鯛を釣る絹糸《てぐす》として使われるようになります。

悲願寺を少し登ると直径十三メートル程の丸い池跡があり、白い岩盤が露出しています。日神子はこの岩の上で着物を脱いで禊《みそぎ》を済ませ、更に山道を登ったところにある〝天馬《てんぐ》（天宮）岩《いわ》〟の上で祈り、神託を受けると、岩の西側斜面で待つ人々にそれを告げたようです。ためしにそこから声を出してみると、ちゃんと聞こえるのです。イスラエル人だから〝天狗の日神

悲願寺境内。手前に見えるのが常夜灯（写真提供＝徳島県神山町役場）

子〃だということなのか、岩の登り口には鼻の高い女天狗の小さな石像が二体立っています。

日神子とスサノヲと天の岩戸

一方、イザナギたちと別れ、橘湾を見張っていたスサノヲは、一緒に来た仲間と会いたくなり、小部族を制圧しながら軍勢を引き連れて高根山に向かいます。日神子はびっくりして身構えますが、スサノヲの一軍だとわかり、二人は夫婦となって隅野久須比命《くまのくすび》、活津日子根命《いつくひこね》、天忍穂耳命《あめのおしほみみ》、天菩比命《あめのぼい》、天津日子根命《あまつひこね》、多紀理比賣《たぎりひめ》など、多くの子を生みます。

日神子が隠れた天の岩戸で神々親戚一同が踊り歌った歌は「ひい、ふう、みい、よ〜、いつ、むう……」というのですが、私たちは一から十までの読み方として教わりましたよね。それが現代の神式祝詞《のりと》でも使われています。これも隠された古代ヘブライ語で「誰がそのうるわしい女神を出すのやら。誘《いざな》いにいかなる言葉をかけるやら」という意味です。このときに踊った踊りが「阿波踊り」の原型となります。蜂須賀の殿様時代から始まったという説は間違いです。

また、常世の長鳴鳥《ながなきどり》を集めて鳴かせる場面もありますが、この鳥は高知県原産の「東天紅《とうてんこう》」です。世界で最も長く鳴き、三十秒鳴き続けた記録があります。夜明け、東の空が紅に染まる頃、天性の美声で鳴き続けるところから命名され、昭和十一年に天然記念物に指定されています。

日光を岩戸の中に射し入れるためには鏡が必要です。八多町《はたちょう》に住む鏡の鍛人《かぬち》・天津麻羅《あまつまら》を召し抱え、できた鏡は地名をとって八咫鏡《やたのかがみ》と呼ばれました。八多町多家良《たから》村は「タタラ」（金属の製錬）から変化した地名で、明治頃までタタラ集団がいて、村祭りではタタラ音頭を踊りました。天津麻羅は秦酒公《はたのさけのきみ》の祖先で秦氏の太祖だと言われています。鏡の裏に書かれた古代ヘブライ語は「私は在りて在るものである」で、ヤハウエがシナイ山でモーゼに語った言葉でしたね。

天の岩戸事件のときのまとめ役は布刀玉《ふとだま》命で、忌部《いんべ》の祖すなわち天日鷲《あめのひわし》命の遠祖にあたり、阿波人だけが神事に参加します。忌部は高天原の天津神（高天原の神々のこと）の分家で、天津神が仕切り行う儀式の準備係です。それが現代まで脈々と続き、大嘗祭《だいじょうさい》の貢物「麁服《あらたえ》」（大嘗祭には欠かせない麻製の鹿服）は、天津神の末裔《まつえい》・三木家（徳島県美馬市）が代々献上しています。三木家は三木山（五五三メートル）の山頂付近にあり、そこで大嘗祭のためだけに使う麻の種を植えます。天日鷲命の末裔は、吉野川市麻植《おえ》町から全国に広がっていきます。

この神事を行う際、踊り子たちはほっぺに「赤い線」を塗ります。これは『古事記』の時代にあった阿波だけの風習です。丹摺《にずり》の衣は白妙《しろたえ》に丹を擦り込んで色付けしている神事のフォーマルウェアでした。天皇の乗る舟は「赫舟《あかふね》」と言われ、丹を塗った舟です。お祭りのときに、タイヤのある赤い舟が曳かれていることがあるでしょ。あれですよ。四国霊場二十一番札所「太龍寺《たいりゅうじ》」一帯が日本有数の丹鉱脈（鶏冠石《けいかんせき》）になっています。光を受けると真紅に輝き「天赫（あめのあか）」と呼ばれていましたが、後世になって「石花《せっか》」と呼ばれるようになりました。「石花」は大嘗祭で使われる由加物（神に供え物を入れる器）に欠かせないものです。本居宣長はそれが分からずに、「牡蠣？」「鍾乳石？」などと推測していたようです。

徳島の古神社では、石段や手洗い石などに丸いくぼみが付いているのをよく見かけますが、これは丹を棒石で叩いて作った跡なんです。ぜひ探してみて下さい――と言いたいところですが、なにさまガタガタ、古宮の石段は傾いていますからすごく危険です。だから観光としてはお勧めできません。ひとたび観光と名を打てば、やれ転倒した、責任をとれと言われるご時世です。

話がずれましたが、スサノヲの浮気に次ぐ浮気にブチ切れて天の岩戸に立てこもり、親戚一同大騒動になってしまったことに「いささかやりすぎたかな～」と恐る恐る岩戸から出てきた日神子でしたが、ここまで大騒ぎをされちゃあたまんないと怒るスサノヲは、「よし、それならもう出ていってやる」と二度と日神子の元に帰ってきませんでした。

日本最古の和歌、《八雲立つ　出雲八重垣　妻籠《ご》みに　八重垣作る　その八重垣を》と詠んだほど愛《いと》しい櫛名田比賣《くしなだひめ》との大恋愛の末、新たな生活が始まります。住居は神山町須賀山（別名広野富士）です。須賀山は持統天皇（四十一代天皇、本名はタカマガハラヒロノヒメ）の故郷でもあります。その先にある八重地という、地名どおり幾重にも重なる山を越え、元山剣山に辿り着きます。大国主命はこの二人の子どもです。

日神子は、聡明な大国主命が成長すると自分の身が危うくなるのではないかと恐れ、幼いときから手なずけます。更に念には念を入れて、多紀理比賣《たぎりひめ》と須勢理比賣《すせりひめ》を大国主命に嫁がせます。大国主命はこれまたお父さんのスサノヲよりも絶倫で、他国を植民地にしてはそこの娘と交わる交わる（！）。主な女性だけでも須勢理比賣、多紀理比賣以外に、八上《やかみ》比賣、矢盾《やたて》比賣……。その子供の中で頭角を現す男子は、「ニニギ命」こと阿遅鋤高日子根《あじすきたかひこね》命と、「エビスさん」こと事代主《ことしろぬし》命です。

しかし平和は長く続きません。中津峰山（別名畝火山《うねほやま》。よく奈良県の畝傍《うねび》山と間違われます）を居城とする大国主命・須勢理比賣の親族と、日の峰山（別名天香具山。現在では大神子海岸に面した峰を〝日の峰〟、北の峰を〝香具山〟と呼びます）を支配していた火明命《ほあかりのみこと》の子の対立がもとで、やがて大国主命軍（海人族）と日神子軍（高天原軍）との大戦争に発展します。

日神子の五人の息子のうち、天菩《あめのぼ》比命《いのみこと》（徳島県小松島市、式内御懸宮祭神、後世に島根県に天菩比神社として分祀されています）だけは大国主命と行動を共にしたので、必然的に兄弟戦争にまで発展してしまいました。

もう一人の悲劇の人は、高天原軍の天若日子《あめわかひこ》命。彼は両軍の仲を取り持とうとして交渉にあたりますが、自軍を裏切ったと誤解されて殺されます。天若日子命の神領古墳は、経塚《きょうづか》大権現として徳島動物公園がある渋野《しぶの》町に寂しく佇んでいます。

須賀山（広野富士）

天若日子神領古墳（経塚古墳）

日神子の最期

大変長らくお待たせしました。いよいよ本邦初公開、「日神子の最期」を知る刻《とき》がやってきました。

グループホーム入居の百七歳（二〇一五年現在）になるおばあちゃんが教えてくれました。おばあちゃんの嫁ぎ先は国府町矢野神領、気延山の一角です。

《矢野ではなぁ、ずっと昔っから重〜い重〜い編み笠を被《かぶ》って田んぼをしよったんよ。阿波踊りで使うような軽いんでないんよ。やれやれ、おかしいところに嫁さんに来たもんじゃと思うたわ。どうしてほんな格好をしてるんかいなと思うて年老いに聞いたらな、昔、土地のモンが田んぼをしていると、男の恰好した女の人が走ってきてな、「敵に追われとるから、その編笠を私に貸して貰えんか。いっしょに田んぼをさせてくれ。助けてくれ、お願いじゃ」と頼んで回ったんやけどな、みんな巻き添えになりたあないもんやけん、知らんふりしとった。ほんうちに追っ手に見つかって、その場で切り殺されてしもうたんじょ。あとで分かったことやけど、その女の人は私らに米作りを教えてくれた元比賣さん、ほの人だったんでよ〜。矢野の人たちは自分らのしたことを反省して……そういう意味があって田んぼ仕事の間はどんなに暑うても、重〜い重〜い編み笠を被るっていう風習になったんやって。その風習も戦後は姿を消してもうて、ほんなことがあったことすらも忘れられていったんじょ。私も香川先生に訊かれて、ああそういえばって思い出したことやけどな……。まあ、笑わんといてな。ほんないつとは知らんほど昔のことなんよ。もう私以外知らんと思うよ》

気延山全景。八倉比賣神社はこの左の端に、日神子の墓は山頂にある

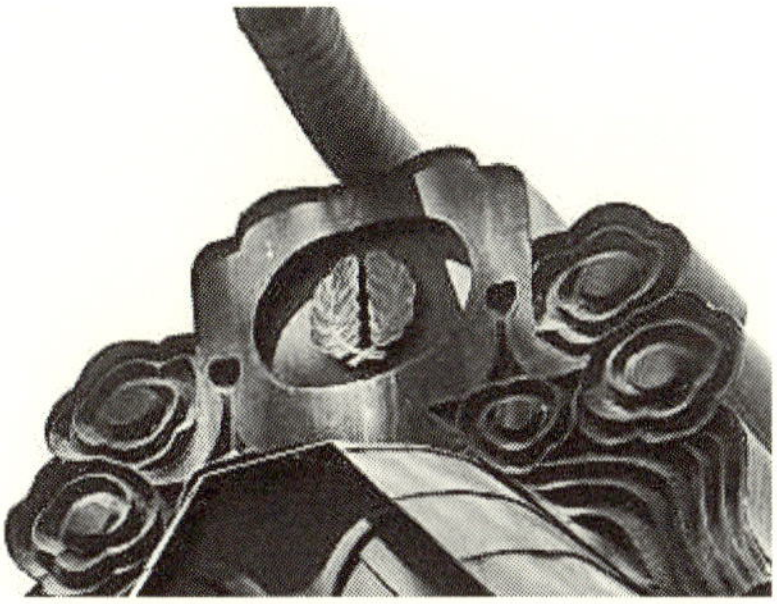
八倉比賣神社本殿にある柏手紋様（イスラエルの神から指示されたメノーラ〈燭台〉を象《かたど》った神紋）

気延山山頂。行基、空海、役《えん》乃行者《のぎようじや》が日神子の祠を護っている。山頂は魏志倭人伝どおり百歩大の広さ

これは大変な一級資料です！　もちろん考古学者もご存じないでしょう。そうです、これが日神子の最期です。後に聖徳太子が、日神子の墓を高根山から気延山山頂に移設したとされています。ここには二〇〇基の古墳が集まっています。この時代は墓の移設は絶対タブーだったそうです。それが原因かどうかは分かりませんが、聖徳太子一族は全員殺される運命となります。

第九章　ロスチャイルド家と都市伝説

前章のアーク発掘のところで、ロスチャイルド家から「いっそ四国全土を買いたいのだが……」と日本政府に打診があったという都市伝説を紹介しました。このロスチャイルド家ってかなり面白い家系なのですが、表立って出てこないため案外知られていません。だから、お酒の席でこの話をすると、みんなびっくりして聞き入ってくれますので、嬉しくなってしゃべっているうちに一次会があっという間に終わってしまいます。

私の話はいつもこんな切り口から始まります。

「なあ、なあ、知っとるで？　この世の戦争も平和も一家系が決めていっきょんじょ。ほなけんな、私らが、なんぼ平和がええ、戦争は嫌じゃっちゅうても、そうは問屋がおろしてくれんのんじょ〜」

すると、大概の人が、「え？　なんですかそれ」「どういうことですか？」「誰が決めてるんです？」と身を乗り出してきます。そしたら、あ、この人たち知らないな、シメシメ……と得意になって私の独壇場になっていきます。

——ロスチャイルドって聞いたことないで？　子どもを失うっていう意味ではないんじょ。ドイツ語ではロートシルトといって、「赤い盾」という意味やけど、その英語読みなんよ。ロスチャイルド家を知るということは、銀行業務やヘッジファンドの歴史を知るということになるけん、よう聞いてな。ロスチャイルド家っていうのはなぁ――

ロスチャイルド家の始まり

舞台は十八世紀末の中世ヨーロッパ。

当時は、金貸し、両替商といったお金を扱う仕事は卑しいとされ、ユダヤ人だけに許された仕事でした。まだ銀行もなく、銀行に類似するシステムもありませんでした。

ドイツのフランクフルトには、〝ゲットー〟と呼ばれるユダヤ人居住区がありました。そこで両替商を生業《なりわい》とするマイヤー・アムシェル・ロスチャイルドは、古コイン集めの趣味でドイツのヘッセン侯爵と仲良くなります。やがてマイヤーは侯爵の兵や軍資金を他国に送り、見返りとして金銭を請求しヘッセン家を豊かにするという方策で、ヘッセン家の財産管理を任されるようになります。貸金業の始まりです。

マイヤーの五人の男児が育つと、長男アムシェルをフランクフルト（ドイツ・ロスチャイルド家）、次男サロモンをウィーン（オーストリア・ロスチャイルド家）、三男ネイサンをロンドン（イギリス・ロスチャイルド家）、四男カールをナポリ（イタリア・ロスチャイルド家）、五男ジェームズをパリ（フランス・ロスチャイルド家）にそれぞれ配置します。当時、情報はまだ書簡を携《たずさ》えた馬車に頼るしかない時代です。息子たちを通信基地としてヨーロッパ全土に馬車、伝書鳩、秘密連絡員を配置し、通信網を張り巡らせました。

ロンドンのネイサンは「ワーテルローの戦いでナポレオンが敗北した」という情報をパリのジェームズから得るや、その日のうちにイギリス債権を空売りしました。それでイギリスが負けたと思い込んだロンドンの市場関係者は、あわてて債権を手放したためにイギリス国債は大暴落。その機に乗じてネイサンはすぐに買い戻し、一夜にして天文学的な富を得ました。

一方、債権を処分してしまったほとんどの名門家は潰《つぶ》れてしまいました。敗戦国フランスがイギリス政府に支払う賠償金はパリのジェームズが公債として引き受け、この公債を売却したお金でヘッジファンドとして年五十パーセントという利息で投資家に貸し付け、荒稼ぎしました。このようにして、ヨーロッパ大陸で対立する両国双方からうまく利益をあげていったのです。

当然ながら、ヨーロッパ各国の大蔵大臣はロスチャイルド家の言いなりにならざるを得ません。公債を発行させては国に借金を作らせ、その二倍ものお金をロスチャイルド家に振り込ませました。

一八二二年、それまで市民権すら持てなかったユダヤ人ロスチャイルド家の五人は、オーストリアの皇帝ハプスブルク家から「男爵」の地位を与えられるという異例の処遇を得ました。

それが信用となり、以来、ヨーロッパ全土の王室から資産管理や資金の借り入れを依頼されるようになりました。

イスラエル建国の費用はロスチャイルド家から

アメリカへは、ロスチャイルド家の代理人としてオーガスト・ベルモントを派遣しました。ベルモントは黒船ペリー総督の妹と結婚します。ちなみに太平洋戦争直前までの駐日アメリカ大使ジョセフ・グルーはペリー一族でした。

一八七五年、エジプトが対外債務を償還するためスエズ運河の権利を売ろうとしたとき、お金に困っていたイギリス政府は、フランスに横取りされないためロンドンのライオネルに購入資金を翌日までに用立ててほしいと交渉しました。願いどおりスエズ運河はイギリスのものとなりましたが、その見返りは「バルフォア宣言」、つまり「イスラエル建国承認」でしたので、イスラエルはイギリス政府とロスチャイルド家個人が契約したものだったのです。建国費用のほとんどはロスチャイルドが投資したということで、イスラエルは〝陰のロスチャイルド国家〟ということになります。この時点で、それまで世界最大のお金持ちはイギリスのヴィクトリア女王だったのですが、ロスチャイルド家の総資産は更にその八十倍くらいになっていました。

日本におけるロスチャイルド家の役割

幕末の日本も例外ではなく、ロスチャイルド家の餌食になっていました。幕府と薩長が戦ったときも、イギリス・ロスチャイルド家が長崎のT・B・グラバーを窓口として薩長側に軍費を支援する傍らで、フランス・ロスチャイルド家は幕府側を支援して両方で丸儲けをしました。グラバーから武器弾薬を調達した土佐の龍馬はフリーメイソンだったとも言われています。

日露戦争のときでも当時の外務大臣、高橋是清《これきよ》がアメリカに戦費の支援を要請しましたが、ロシアのような大国と戦争して勝つわけがないと拒否されました。仕方なくイギリス・ロスチャイルド家に頼むと、代理人として紹介された姻戚関係のクーンロープ商会ジェイコブ・シフが用立ててくれることになり、そのおかげで勝利を収めました（日本は、つい最近までその元金と金利を払い続けていたようですが……）。その間、イギリス・ロスチャイルド家は、日本国債を買い漁《あさ》り利益をあげていました。

日本に軍事費を貸したのは、バクー油田を狙っていたロシアの封鎖役に日本を使ったわけで、日本が大国ロシアに勝ったのはロスチャイルド家のおかげであって、神風が吹いたわけではなかったのです。

福田シニア総理が「もうずいぶん払い戻したのだから、あとは元金だけで勘弁して〜なぁ」と言いに行くと、部屋から出してもらえずに怖くて失禁しそうになったという逸話まで残っています。

驚くべきロスチャイルド家の覇権《はけん》

そういう具合に、日本にもちゃんと昔から長崎のグラバー家や神戸異人館のサスーン家（アヘン商人。ヘアシャンプーのヴィダルサスーンもサスーン家）という手下がいました。もっと昔にさかのぼれば、黒船で来航したペリー提督もロスチャイルド家の使用人一族です。

ロスチャイルド家の末端企業や関連企業には、シャトーワイン、アパルトヘイトで有名なビアス＝ダイヤモンド鉱山、タイムズ社、ロイター通信、ＡＢＣ・ＮＢＣ・ＣＢＳといった放送局、ダッソーやアームストロング軍事兵器社、タバコのフィリップモリス、フランスの製薬会社ローマ・プーラン、ロイヤル・ダッチ・シェル石油（これは近年手放しました）、オッペンハイマー化粧品、ユニリーバ食品（ラックス、ダヴなんかの石鹸、ポンズの化粧落とし、除菌のドメスト、ジフとかリプトン紅茶を扱っています）、ネッスルコーヒー、紅茶のブルックボンド、ゴールドマンサックス（だからリーマンショックのときにも唯一ぼろ儲けをしたでしょ！）など、世界に冠たる企業の名を連ねています。

更に世界に配置されている中央銀行です。日銀株四十五パーセントを保有しているため、日本がいくら円高を是正しようたって、ロスチャイルド家がダメだと言えば容易にはできないのです。

アメリカの中央銀行（ＦＲＢ）も国営ではなく民営です。ロックフェラーのナショナルシティバンクとモルガンのファーストナショナルバンクが運営していますが、いずれも大株主はロスチャイルド家です。ちなみに日銀は「ＦＲＢ日本支店」などと言われています。リンカーン大統領はアメリカにＦＲＢを置くことに反対したので抹殺されました。

アメリカ自体がロスチャイルド家を筆頭とするユダヤ人優勢社会なので、イスラエルがめちゃくちゃしていても応援せざるを得ないのです。コーヘン氏（元駐日イスラエル大使）のお話によると「イスラエルは決して自分から攻撃しない。攻撃されたら仕返すだけだ」とおっしゃるのですが……。

サッチャー政権を支えた副首相から内閣まで、みんなロスチャイルド血族が関係しています。アメリカ大統領選挙だって、ある程度ロスチャイルド家によって操作されています。ウィリアム王子と結婚したケイト・ミドルトン（キャサリン妃）の母親はゴールドスミス家でロスチャャイルド家と姻戚関係にあります。世界の金価格も毎日ロスチャイルド家が決めています。

「ロスチャイルド一族は戦争を始めることも防ぐこともできる。彼らの言葉は帝国を築くことも破壊することもできる」（一九二三年十二月三日・シカゴ・イブニング紙より）

「政治の世界では、何事も偶然に起こるということはない。もし何かが起こったならば、それは前もって、そうなるように謀られていたのだ」（第三十二代米国大統領フランクリン・D・ルーズベルト談）

世界の金融も戦争も平和も、ある意味においては私たちの知らないところで操作されていて、ただ、テレビや新聞等のうわべ報道だけを信じて喜怒哀楽生きている蟻ん子のような存在が私たち庶民だってことかも知れません。そのメディアでさえもすべてロスチャイルド家の会社ですから、マインドコントロールだってなんだってできるわけです。

原子力発電所から排出される使用済み核燃料を取り扱うウラン兵器ビジネス会社は「リオ・チント・ジンク会社」で、ロスチャイルド家の子会社です。だから、いくらデモで反対を唱えても、国会で審議されても、すぐには中止させてもらえるわけもありません（ひょっとして代替燃料ができてもやめさせてくれないかもです)。日本政府が原発を中止しにくそうにしていたら、こういう影の圧力があったと思って下さい。民主党がたくさん借金を増やしたのも、闇の組織の命令があったのかも知れません。

尖閣問題と時を同じくして日本政府がオスプレイの配置を認めたことも、単なる中国の抑止という意味ではなく、何やら怪しげでもっと深い心理操作が見え隠れしています。この頃《ごろ》は量子に手を出しているそうですから、時間さえ支配できるような一族になってしまうかも知れません。どうしたらいいのだろう……っていろいろ考えてみても、ぞうさんの足に蟻が百匹、天才集団に凡人が十人で戦うようなものだから、こうなればうまく取り入ってできるだけいい形で共存するしかないのです。

《「日本にはアークがある、この印籠が目に入らぬか!」ってアーク印籠が通用したら面白いのになぁ〜》

トリック

ここでちょっと、フリーメイソンに関する興味深い話に触れてみましょう。驚くべきトリックです。

旧五千円札と千円札の裏面をよく見て下さい。いずれも明治時代の写真家、岡田《おかだ》紅陽《こうよう》が本栖《もとす》湖で撮影したものをデザインしていますが、湖に映った富士山は形が違っています。イスラエルのアララト山だと言われています。

旧五千円札

旧千円札

米国の一ドル札には、左にフリーメイソンの〝三角形に目〟のマーク、その下には秘密のラテン語で「Novus Ordo Seclorum」（新秩序）と印刷されています（インゴルシュタット大学法学部教授のアダム・ヴァイスハウプト氏が唱える新世界秩序のことでしょうか）。その更に下には「アメリカのシンボルはピラミッド」と書かれています。左の三角形の絵の上下に書かれている文字は「ANNUIT COEPTIS　NOVUS ORDO SECLORUM」。右にある鷲の上の星は六芒星です。六芒星の頂点の文字をつなげるとフリーメイソンの「MASON」となります。「十八」という数を三つに分解すると「六＋六＋六」となります。

ちなみに日本の紙幣の合計額は、一〇〇〇〇＋五〇〇〇＋二〇〇〇＋一〇〇〇＝一八〇〇〇円（六〇〇〇＋六〇〇〇＋六〇〇〇）で「六・六・六」です。コインも五〇〇＋一〇〇＋五〇＋一〇＋五＋一＝六六六円で、「六・六・六」です。「六・六・六」はラッキーな数字は、日本だけにあるそうです。このトリッキーな数字は、日本だけにあるそうです。「六・六・六」にはサタン、神の使者、獣（ジュー＝ユダヤ）、十字架とキリストの間（反キリスト）などの意味があります。

また、ゴールドマンサックスは、六本木六丁目の六本木ヒルズにあります。世界ネットの蜘蛛の巣、WWW（World Wide Web）の「W」にあたるヘブライ文字（ｖａｖ：ヴァヴ）は「六」という意味。そういえば、六本木ヒルズの前には巨大な蜘蛛の彫像が置いてありますよね。

日本の多くのラジオ局の周波数に偶然とは思えない、実に面白い符合があることに驚きます。このトリックは、日本のラジオの周波数が九キロヘルツ（ｋＨｚ）毎に割り当てられているため、合計すると九か十八か二十七になってしまうからなので

米国一ドル紙幣

すが、なんだか面白いですよね。たとえば、ニッポン放送（一二四二kHz）は十二＋四＋二で十八、文化放送（一一三四kHz）は十一＋三＋四で十八。TBSラジオ（九五四kHz）は九＋五＋四で十八、NHK東京第一放送（五九四kHz）は五＋九＋四で十八、NHK東京第二放送（六九三kHz）は六＋九＋三で十八という具合です。

ロスチャイルド家とフリーメイソン

一七七六年、マイヤー・アムシェル・ロスチャイルドの支援で、前述のアダム・ヴァイスハウプト氏が「イルミナティ」という秘密結社を作りました。イルミナティの目的は、新世界秩序（New World Order：NWO）という知的能力のある者が世界を治める単一政府の樹立です。これで、支配者に歯向かう者のいない（百パーセント転覆されない）地球全体主義国家ができ上がるというものです。氏が唱えるNWOには次の五項目の理念があります。

一、すべての既成政府の廃絶とイルミナティの統括する世界単一政府の樹立
二、私有財産と遺産相続の撤廃
三、愛国心と民族意識の根絶
四、家族制度と結婚制度の撤廃と、子どもの洗脳教育の実現

五、すべての宗教の撤廃

これは危険思想として弾圧され、彼らは地下に潜って秘密結社（フリーメイソン）を作ります。フランス革命もその後の恐怖政治を敷いたジャコバン党もフリーメイソンでした。

一世を風靡した『ダ・ヴィンチコード』は、ユダヤとイルミナティと聖書を知らなければ意味が分からないはずですが、何も知らない日本人にどこが受けたのか不思議です。ロスチャイルド家はその頂点に立ち、「三百人委員会」という、この世の支配階級を作っているのだそうです。三百人委員会では「人類家畜化計画」を推進していて、「人類総マイクロチップ管理計画」というのがあります。「捕まえられて頭にでも埋め込まれるのかなあ、そんな馬鹿な……」などといろいろ思い巡らせていましたが、なんとまあ、いつのまにやらちゃんとパスポートにマイクロチップが埋め込まれていたことを知って、思わず「こりゃ〜都市伝説ではないのかも！」とドッキリしました。しかも、しかもですよ、国民総番号制だなんて、まさに計画通りかも知れません。

彼らはほとんど表舞台には現れてきませんが、何年か前にイギリス・ロスチャイルド家の御曹司デイビッド・マイヤー・デ・ロスチャイルド氏が、サンフランシスコからシドニーに向けて使用済みペッボトルで作ったヨットで環境啓蒙活動をしていることがテレビで報道されました。これは極めて珍しいケースです。

このように世界を牛耳るロスチャイルド家は、音楽の支援や環境保全といった平和活動にも積極的に貢献しているのです。まあ、世界の中央銀行から情報通信や、私たちの身の回りのものまでなんでもかんでも持っている一族ですから、なんでもできちゃうわけです。だから、新聞の表に書かれてある裏には何があるのかな？　例えば、小泉総理の裏で何が働いて郵政民営化になったんだろう？　と考えてみると、ありますよ！「ゆうちょ」を民営化することで莫大な資金が使いやすくなることから、郵政部門が中国に原子力発電所を作るために狙われ、小泉総理がその計画の実行を引き受けたという都市伝説。それじゃあ、原発を続ける発言をした野田総理の影には……もうお分かりですね。

数年前の「アメリカドルが紙切れ同然になってオバマさんがごめんなさいって謝って、カナダやメキシコと同一通貨のアメロにする」という話は全くの都市伝説として進行中ですが、どこまでが都市伝説だかなんだか分からない世界にしばらく浸っているうち、私は決めました。そうだ、ゴールドマン・サックスが関与している投資信託なら大丈夫だ、と！

「世界のことは、世界の大統領や総理大臣が決めてるわけじゃないのよ。うちの息子たちが決めてるの（M《マイヤー》・A《アムシエル》・ロスチャイルドの母）」。

やだぁ、こわ〜い！

第十章

阿波で蘇《よみがえ》る
実在した神話の主人公たち

神話の時代へと話を戻しましょう。

神話だと思っていた人たちが実際にいたのですから驚きです。その人たちをわざわざ作り話として最初の部分を隠さなければならないほど重大な秘密なのか、三千年もの間封印されてきた歴史を日本が持っていたのです。

更に、更にです。世界中の人が探し求めている「アーク」（ソロモンの秘宝）が、よりによって四国は徳島の奥地、剣山にあるだなんて、都市伝説にしても大げさ加減が何とも言えません。あろうことか、イスラエル人やアメリカユダヤ人の剣山巡礼や、アメリカ空軍の剣山秘密偵察まであるという滑稽さ。やがて「日本の宿命が明かされ、日本人がそれに気がつく日を待っている」ことが――解釈の仕方にもよるけれど――聖書や空海の予言にちゃんと記されているだなんて、とんでもなくワクワクしてしまうのは私だけではありませんでした。この連載が始まってからは、全国の先生方から大好評をいただくようになり、高じて一般の方にまで引っ張り凧になりました。ついに地元ＪＡを皮切りに東京五時間講演まで企画され、それでも時間は足りないという始末です。

徳島の人たちは地名を書くと、あぁ〜、あそこだなってすぐに分かるのですが、県外の方たちには分かりにくくて申し訳なく思っています。しかし、邪馬台国が阿波だったことを実証するには、ちゃんとした人物名と地名を表記しなければ信じていただけません。今までの話題と一部重複する場面もありますが、ここからは「記紀」に登場する神話の主人公を振り返ってみましょう。

漢字の起源も聖書から

旧約聖書によると、人類の祖は〝エデンの園〟にいたアダムとイブです。近年の「ミトコンドリア・イブ」の調査研究によって、あながち創作とは言えないことが分かってきました。園という漢字の『くにがまえ』はエデンがあった場所を指し示し、その『土』から神ヤハウエは『人』を作りました（口は人を表します）。口の下には『男女二人』が絡み合うように寄り添っています。

神ヤハウエは、裸のアダムとイブに二本の樹を示し、生命の樹の実を食べるのはいいが、知恵の樹の実を食べることは禁じました。ところが彼らはその掟を破り、禁断の実を食べてしまいます。『禁』という字は「二本の木を示す」、『裸』は「果実を食べてから衣を着るようになった」という意味です。

アダムとイブの子孫が増えるに従って悪事も横行するようになり、神への尊敬の念も薄れてしまったので、ヤハウエは「こりゃ、アカン」（アカンは、旧約聖書ヨシュア記に出てくる盗賊の名前）と失望して、世界を創りなおすことにしました。白羽の矢を立てたのはアダムとイブの子、セツの子孫十一代目の「ノア」です。神の啓示によりノアが方舟《はこぶね》を造っていると、周囲から「こんな海から離れたところで船なんか造ってどうするのか」と笑われました。しかし、大洪水が押し寄せてノアの家族八人だけが生き残りました。『船』は、「舟に八人」という意味です。

このように漢字さえも聖書からきています。嘘のような本当の話です。こういう話を学校の授業で教えてくれたら、もっと勉強が面白くなるのになあ。

イスラエルの祖、アブラハム

ノアの息子セムの子孫にテラという人がいて、その子どもがアブラハムです。アブラハムの生まれた地は、アララト山のアルメニア国側にあるタガーマ州ハラン町です。高天原（タカマガハラ）はここから命名されています。そのアブラハムがイスラエルの祖となっていきます。

時代は進み、預言者イザヤの時代に入ります。紀元前七二二年、北イスラエル王国がアッシリアに滅ぼされると、イザヤはいずれ南ユダ王国も滅ぼされてしまうことを悟ります。神ヤハウエはイザヤに「東の日出る島に行き、新しく平安京（古代ヘブライ語でエルサレム）を建国せよ。その際には元のエルサレムのことを忘れ、新たに秩序正しく愛に満ちた国造りを始めよ」と告げました（旧約聖書より）。イザヤの危惧は的中し、紀元前五八六年に南ユダ王国は滅亡しますが、すでにその一〇〇～一五〇年前にはイスラエルの支族たちは海路と陸路に分かれて国を後にしていました。

海路をとったヘフシバ（倭名：日神子または天照大御神）率いるスサナウエ（倭名：スサノヲ命）、ツァクヤン（倭名：月読命《つくよみのみこと》）たちは、それぞれイスラエル十二支族の代表を連れてタルシン船で東へ東へと向かいます。

ヤハウエは言いました。「案ずることはない。お前たちの仲間はすでにそこに着いている」

イザナギと日神子の遭遇

一年半の長い航海の末、陸路より早く東の果ての日出る島に辿り着いたヘフシバたちは、橘《たちばな》湾（徳島）でイザナギと出くわしたというストーリーでしたね。

その頃はすでに北九州や高知県足摺《あしずり》岬、土佐清水から宿毛《すくも》市あたりにイスラエルから枝分かれしたエドム一族が渡り住んでいました。

イザナギは日神子たちを剣山《つるぎさん》に案内し、鍾乳洞にアークを隠すと、その地を「ヤー・ウマト」(古代ヘブライ語で神の選民の国)と称して、周囲の豪族(勢力争いに敗れて落ち延びた朝鮮、中国、沖縄、インドの王族など)を制圧しながら四国全土をほぼ平定し、「邪馬台国」と命名します。その後も海(瀬戸内海)を跨《また》いで勢力を伸ばしていきました。

日神子は、政治手法として「和奈作意富曾《わなさおふそ》」という宣伝部隊を利用し、新たな開拓地へ入植しては日神子の威光を説いて反逆を防ぐために神社を作らせました。また、戦争が始まると日神子の最強兵団である久米一族(主に気延山西側に居住)、物部《もののべ》一族(主に剣山南側に居住)を動員し、一気呵成に植民地としていきます。休戦時には、久米一族は日神子から伝授された米作りを広めました。

忌部《いんべ》族は、天の岩戸事件のまとめ役である布刀玉《ふとだま》命が祖、高天原《たかまがはら》の天日鷲《あめのひわし》命が遠祖です。平たく言えば高天原の身内とでも申しましょうか。この一族は麻作りの手法を全国に広め、現在においてもその末裔である三木家だけが、大嘗《だいじょうさい》祭の貢物として麻製の織物の「麁服《あらたえ》」を献上しています。すべては税として吸い上げ、中央集権国家として、より強大になっていくためだったのです。

スサノヲ命とクシナダ姫

スサノヲ命と愛人櫛名田比賣《くしなだひめ》は、徳島市神山町広野の須賀《すが》山に新居を構え、大国主命を儲けます。ここでスサノヲ命は日本最古の和歌「八雲立つ　出雲八重垣　妻籠みに　八重垣作るその八重垣を」を詠みました。

この奥地・須賀山一帯は、いくつもの山々が重なる「八重地」とも呼ばれ、やがて『古事記』でいう日本の元山、剣山へとつながっていきます。この歌は、日本語としてのゴロはいいけれど、「八重垣」が三回も出てきてなんとなく不自然です。実は、古代ヘブライ語を宛がうと「やがて救世主が現れ、群衆の先頭に立って照らし導く」という意味の祈願の歌だったのです。

櫛名田比賣は、今の鮎喰川《あくいがわ》の名田《なだ》橋付近にいた豪族のお姫さまです。鮎喰川の名前は、ここで釣れた鮎を大国主命が日神子《ひみこ》に献上したことから付けられました。一級河川で、吉野川の支流神山町奥屋敷が源流です。「くしなだ」とは曲がりくねるという意味で、「ヤマタノオロチ退治伝説」はスサノヲ命が氾濫する鮎喰川から吉野川への入口付近にかけて治水工事をしたことにほかなりません。

大国主命《おおくにぬしのみこと》

成長した大国主命は、徳島の佐那河内村《さなごうちそん》に城を構えます。かつてここは「狭府《さふ》（佐布）能《の》国《こく》」と呼ばれていましたが、やがて中津峰を中心とする勝浦川流域から狭府能国つまり今の佐那河内村を含む徳島市上八万町《かみはちまんちょう》あたりまでが「豊葦原中国《とよあしはらのなかつくに》」とか「豊葦原瑞穂国《とよあしはらのみずほのくに》」とも呼ばれるようになりました。「豊葦原瑞穂国」とは、古代ヘブライ語訳で「東方の日出る国、約束の地カナン」という意味です。

佐那河内村の入り口には、今でも狭府能《さふの》という地名が残っています。狭府能国とは、日神子がここで初めて狭田《さた》・長田《ながた》の水田を開墾した際に「狭長《さなの》（佐那）県《あがた》」と名乗ったときの国名です。全国の棚田の発祥地です。出雲風土記の冒頭には「八雲立出雲国者狭布能稚国在哉」（出雲に来たものは狭布能国と呼ばれる元の国の人だよ）と書いてあります。

スサノヲ命の奥さまの日神子は、大国主命を敵に回さないようにするため、大国主命が幼いときからよく面倒を見ていました。やがて大国主命は日神子の参謀として働くまでに成長しますが、親戚の権力争いが飛び火して日神子率いる高天原軍と、大国主率いる海部《あまべ》族軍との間で大戦争が始まり、日神子は追っ手によって気延山の麓（現在の国府町矢野）であえなく切り殺され、海部族軍が勝利します。

大国主命はスサノヲ命の血を引いて精力絶倫です。徳島県板野郡上板町の高志沼河比賣《こしのぬなかわひめ》との間に、「建《たけ》御名方神《みなかたのかみ》」を儲けます。その頃、高天原族の命令により、建布都命《たけふつのみこと》（または建御雷神《たけみかずちのかみ》）は豊葦原中国を高天原族に譲るよう執拗に交渉しました。国を譲るはずの事代主命《ことしろぬしのみこと》は自殺し、結局大国主命は建御名方神に国を譲りますが、たいした器でもなかったようで、建布都命にすぐ負けてしまいます。


大国主命が山陰地方を制圧して戻ってきたとき、無事の生還を祝って、地元の女性たちが包丁をトントコ叩き、〝ナクサ　ナナクサ　トウドノトリガ　ツイバムサキニ　スットントント　ケアワセタ〟と歌ったことが「七草粥」として全国に広まりました。

この風習は、イスラエルのパンに苦草《にがくさ》を入れて食べる習慣からきています。イスラエルではお正月の間、「マツォ」というイースト菌の入っていないパンを食べます。膨らんでないので

建御名方神社（上部にはめずらしい形の注連縄と、鎌を交差させた縄がある）

日本の餅と似ていて、マツォがモチという発音に転化したとも言われています。神は「エジプトから貴方たちを連れ出すときだから、永遠の掟としてお正月にマツォを食べるようにしなさい」と言ったそうです。日本人はそうとは知らず、お正月にお餅を食べていますよね。

事代主命《ことしろぬしのみこと》／えびすさんの事跡も徳島（阿波）にある

その後、大国主命は徳島県那賀《なか》郡勝浦町の矢盾比賣《やたてひめ》との間に事代主命《ことしろぬしのみこと》を儲けます。事代主命の出生地は徳島県勝浦町生比奈《いくいな》ぬゑです。事代主神社は徳島にしかありません。あ、確か長崎にもありました。長崎も漁港として最後に事代主命が開発したからです。

事代主命は「えびすさん」とも呼ばれ、「えびす神社」は全国津々浦々「商売の神様」として祀られています。彼は知恵者で、絹糸が海中で透明になることから「てぐす」を特許開発し、鯛の一本釣り漁法を始めました。「てぐす漁法」の権利は徳島県鳴門市堂浦《どうのうら》の鳥鳴海神《とりなるみしん》に引き継がれ、近代ナイロンが出現するまで、ずっと絹糸による「てぐす漁」が続いていました。でも、残念なことに「恵比寿踊り」を伝承している徳島の人に「えびすさんはどこの人か知っていますか」と尋ねてみると〝大阪〟だと言うのです。トホホです。

ついでに言えば、えびすさんの奥さまは徳島県阿波市市場町《いちばちょう》の粟島《あわしま》神社に祀られています。

祭神名は天津羽命（天津羽尊）またの名を、阿波津比賣、阿波波神《あわわがみ》、阿波神などと言い、天日《あめのひ》鷲命《わしのみこと》の血筋です。粟島神社が最初にあった場所は、国生みでお話ししました「粟島（淡島）」でした。忌部族が開拓した一大農業生産地で粟がよく取れ、大正時代までは約五千人が住んでいましたが、一九一五年の吉野川の河川工事により全員移住させられました。

このように徳島では、神話の人たちの兄弟、親、伴侶、子どもに至るまで明確に古墳や祠と神社が一対になった形で存在しています。

少名比古那《すくなひこな》神と手力男命《たぢからおのみこと》

大国主命にはやがて家臣がたくさん付きます。その一人、手力男命《たぢからおのみこと》は『古事記』に「手力男命、佐那県に座す」と記《しる》され、現在も佐那県府能山大小小屋《さながたふのやまうしごや》という地には古陵と拝殿があります。自然石を組んだだけの階段ですからガタガタで危ないです。地名の「大人《うし》」とは渡来人の尊称です。

また、名参謀の少名比古那神《すくなひこなのかみ》（別名薬王子）は「渡来人だという言い伝えがある」と中津峰くずれ谷山田の長老が

手力男命古陵の拝殿

語っています。少名比古那神は医学に精通し、各地に温泉を開発していきます。道後温泉は、徳島県板野郡御所村《ごしょむら》（現在は合併して阿波市土《ど》成町《なりちょう》）の御所温泉から西へ向けて開発した道の最後だから「道後」と命名されました。これはおそらく愛媛県の人でも知っている人は少ないと思います。温泉開発は伊豆地方まで及びました。土成町には、少名比古那神を祭神とする薬王大明神（薬王子神社）が鎮座しています（第二十三番札所《ふだしょ》薬王寺とは関係ありません）。

神武天皇と神武東征

神武天皇の名前だけはよく知られていますが、事跡は事代主命に酷似しています。だから、大国主命は事代主命を初代天皇としたかったのですが、建御名方神《たけみなかたのかみ》に遠慮した大国主命の親心から「神武天皇」（神の選民を集めた偉大なるソマリアの統率者、神倭伊波礼毘古命《カムヤマトイワレビコノミコト》）と名づけたのでしょうか。このあたりは、はっきりしませんので、全く想像でしかありません。

神武天皇が即位した年の干支は甲寅《きのえとら》とされています。「きのえとら」は古代ヘブライ語で「トーラ（巻物）を授かった」という意味です。

その後、大国主命はスサノヲ命と日神子との長女、多紀理比賣《たぎりひめ》を娶《めと》り、阿遅鉏高日子根神《あじすきたかひこねのかみ》（俗称ニニギ命、しらひとはん）を儲けます。

ニニギ命のお屋敷のあった神明《しんめい》神社とともに建てられている白人《しらひと》神社にはなぜかかわいらしい白うさぎが飾られています。調べてもよく分からないのですが、大国主命が因幡の白うさぎを助けたという逸話は、このニニギ命を授かったということでしょうかね？

このニニギ命と木花咲比賣《このはなさくやひめ》の子の山幸彦《やまさちひこ》（徳島県脇町《わきまち》に居住）は、やがて日神子二代目の巫女豊玉比賣《とよたまひめ》と恋愛します。日神子と豊玉比賣の関係は赤の他人です。豊玉比賣は、イザナミとイザナギの子「わだつみ神」の子だそうです。その山幸彦と豊玉比賣の二人目の王子が神武天皇になるのです。

白人神社（神明神社）のうさぎ

徳島市眉山《びざん》中腹の桃山台にある神武天皇の銅像は日本初の銅像で、奈良を向いて立っています。乃木希典《のぎまれすけ》が発起人となり、明治天皇のご意向で「明治天皇の顔写真」が職人に渡されたため、神武天皇と明治天皇がそっくりなのです。日本初の神武天皇像が天皇の御命により、奈良ではなく徳島に建立されているのです。不思議でしょ。

徳島市土成町鈴川谷《すずかわ》には「櫃原神社」という古宮があります。祭神は神倭伊波礼毘古命《カムヤマトイワレビコノミコト》。空海が建立した第九番札所「法輪寺」が摂社です。

明治二十二年に奈良県の橿原神宮が建てられた後、徳島の土成町の後山が大爆発の轟音とともに崩れ、櫃原神社は谷の中に埋もれてしまいましたが、村民が掘り出し、再建されています(『道は阿波より始まる』より)。徳島の櫃原神社の神紋が天皇家の十六花弁菊花紋であるのに対して奈良県の橿原神宮の神紋は柏です。

ここで、ちょっと「神武東征」について触れてみましょう。

神武東征とは〝神武天皇が関東や東北地方へ行った〟ということではなく、徳島の吉野川下流南岸勢力が北岸勢力を支配した話です。神武天皇が神の邪気に打たれたとき、高天原から建《たけ》布都《ふっ》の霊剣が降りてきて、神武天皇は邪気を払い進軍することができましたが、これはおそらく事代主命が進軍していくのを建布都命が助けた話で、熊野とは和歌山ではなく、徳島の櫃原神社付近のことだったのです。

徳島県阿波市市場町にある「建布都神社」は、日本でここ一社しかありません。この神社には直径十七メートルに及ぶ円墳の建布都古墳があります。そしてその横には「事代主神社」があり、その近くに橿原神社があるのです。このように神武天皇の伝説の場所には必ず事代主命がつきまとっていることが、この二人が同一人物とされる所以《ゆえん》です。

阿波から大和へ／阿波そっくりの地名を大和に付けていく

「記紀」の神武東征では、奈良（大和）への進軍経路は大阪回りとなっていますが、どうやらこれも隠されたことで、本当は阿波～淡路島、紀淡《きたん》海峡から四つの小島で休みながら紀伊半島へ渡ったものと思われます。

吉野川北岸を制圧し、紀伊半島に着いた神武天皇は、かつてイザナギが徳島の吉野川を上流へ進んでいったように紀の川を遡《さかのぼ》ります。やがて大きな吉野熊野山に着き、これはしたりと見回すと、すぐ北側には奈良盆地が開け、その方角に進むとすぐに明日香村、橿原に着きます。こういう経路でなければ、明日香村という南の隅っこにまず腰を下ろすという大阪回りの理由があまりに不可解です。私の持論は、「人の思惑や行動は、今も昔も大差ない」ということです。

もちろん、かつてユダヤ民族が海路と陸路で日本に渡ってきたのと同様、大阪回りの人たちもいたには違いないのですが、おそらく第一陣は紀ノ川を遡上していったのでしょう。そして

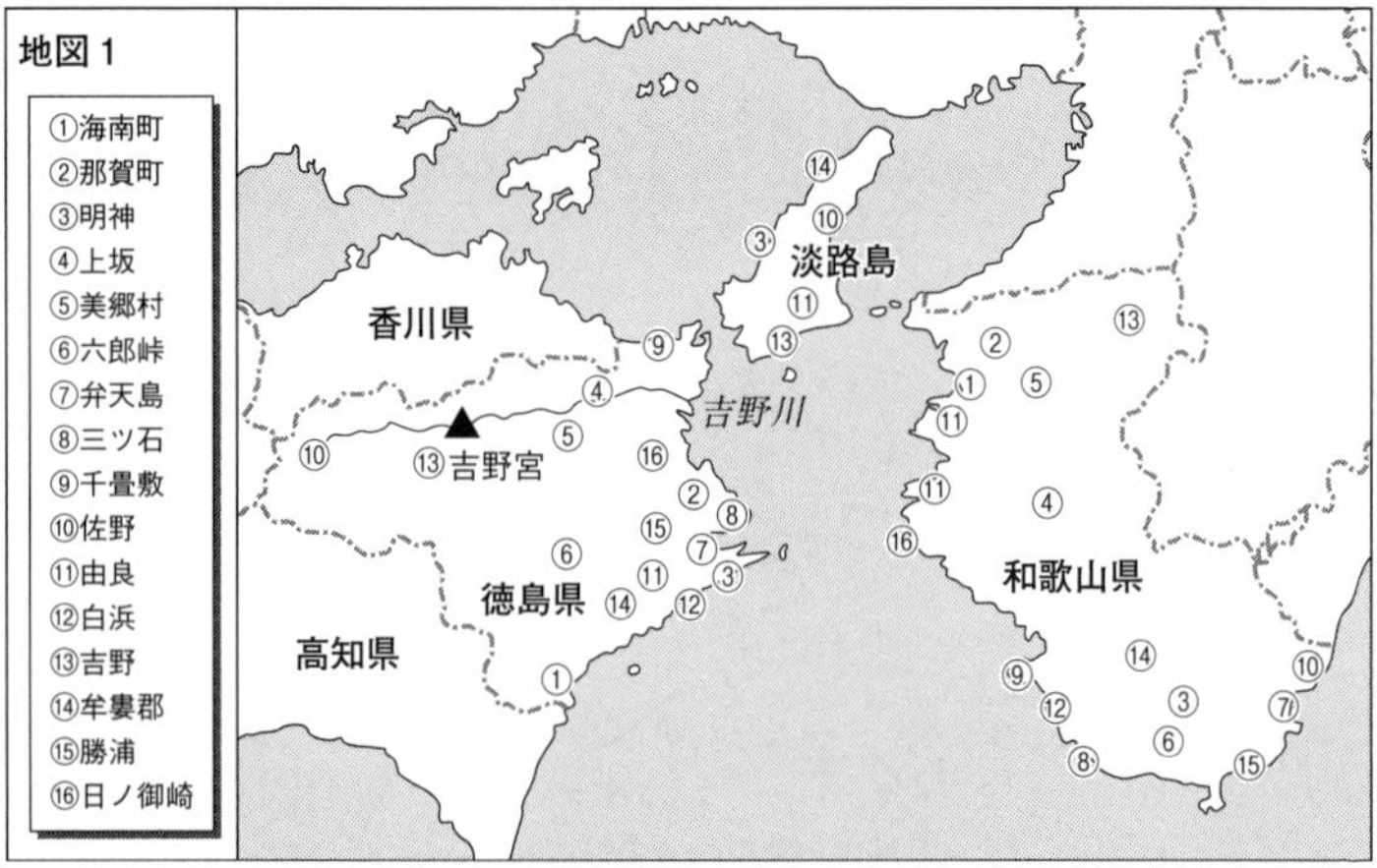

徳島と和歌山の同じ地名を表した地図

行く先々で、不思議なほど阿波そっくりの地名を付けていきました。これも吉野宮秘密大政策の一環だと思います。

当時の奈良「大和」は未開地で、狼が出没して人を襲うため「大口の真神原《まがみはら》」とか「魔神ヶ原」「狼ヶ原」とも呼ばれていましたが、その後五八八年、三十二代崇峻天皇のときに「飛鳥」と名付けられました。藤原不比等の陰謀で、嫌がる四十代天武天皇と四十一代持統天皇を説き伏せて、やっと奈良への移住となったのです。藤原不比等の陰謀については後述します。

天皇行幸の吉野宮は奈良でも三重でもありません。徳島県美馬郡三《み》野町《のちょう》の吉野川沿いにあります。この剣山系の美馬へ通じる国道一九二号線は天皇や皇太子さまが御忍びでいらっしゃることがあり、本当に突如、交通閉鎖になったりします。こういうことは、新年一般参賀で長和殿《ちょうわでん》にお出ましになる皇族の方々以外には伝えられていないようです。

仁徳天皇以降の出身地

十六代仁徳天皇の子が履中《りちゅう》、反正《はんぜい》、允恭《いんぎょう》天皇となります。『古事記』では「十九代允恭天皇（大麻津間若子宿禰《おおあさづまわかこのすくね》）陵は河内の恵賀の長柄にあり」と記されています。この「河内」という地名は阿波の言葉で「小高い山沿いにある地域」のことです。〇〇河内という地名はたくさんあるので、単に「河内」と書かれているときは地名ではなく、地形とご理解ください。允恭天皇陵は、勝福寺（徳島県鳴門市大津町大代《おおしろ》）の西の小高い丘に允恭天皇神社としてありましたが、歴史を知らない人々によって社殿は取り払われ、今では鳥居が残るのみとなっています。そのうち、昭和になって「天皇神社」として復活しましたが、祭神は「八十三代土御門《つちみかど》天皇」（鎌倉時代）となっています。土御門天皇の火葬塚は阿波神社（鳴門市大麻町池谷《おおあさちょういけたに》）にあります。允恭天皇陵と社殿は全国で允恭天皇神社だけだったのに、阿波神社に祀られている土御門天皇を、允恭天皇の元社殿跡にもお祀りする意味が分かりません。地元の人が混乱しているのか勉強不足なのかどうかよく分かりませんけれど、地元でもそんな程度ですので、なにをか言わんやです。

応神天皇のふるさと・応神町や、仁徳天皇のふるさと・仁徳橋のことを第五章にちらっと書きましたが、どちらもちゃんと宮内庁許可となっています。このあたりのことを書いたのは、堺市の仁徳天皇陵（大仙陵古墳）は中身が空っぽだったという問題があったりして余計にややこしい時代でもあり、また大陸から移民が沢山押し寄せた頃だったからです。

倭建命《やまとたけるのみこと》（この人は天皇になっていません）の息子、十四代仲哀《ちゅうあい》天皇御宇（一九九年頃）には功満王《こうまんおう》が朝廷を公式訪問しました。その子融通王《ゆうずう》（弓月《ゆ(ん)づき》の君・秦の始皇帝五世の孫）は、戦火を逃れて中国に来てみたものの、万里の長城建設の苦役に耐えかねて（後漢書の東夷伝、好太王《こうたいおう》碑文より）朝鮮に亡命したのちに、応神天皇御宇（二八〇年頃）に日本にたどり着き、帰化人となったのが「秦氏」です。彼らは長い年月をかけて総勢二万人以上の大群でやってきました。ちなみに日本の人口は、弥生時代は六十万人、奈良時代には四百五十万人と推定されています。もちろん日本列島津々浦々の人口ではないので、どこまでを指すのかは疑問ですが、それにしても二万の大群はかなりの数です。

阿波と秦氏

二十一代雄略天皇（四五〇年前後）からもらった首長称号名は「禹都万佐《うづまさ》」。これが京都太《うず》秦《まさ》の語源になります。うずまさの「うず」はIshuすなわちJesus（イエス）、「まさ」はMessiah（メシア）で、イエス・メシアの転換語だということのようです。彼らは肌のように柔らかい絹織物の製作を得意としたので、肌―波多―秦に変化していったと『古語拾遺《こごしゅうい》』に記されています。しかし養蚕技術は、そのはるか昔、日神子の時代から徳島県神山町高根山《こうねざん》に「山分けの絹」としてすでに伝わっていたことを念押ししておきます。

養蚕と絹織物に携わる仕事はユダヤ人かキリスト教徒が独占し、彼らの通った道だから「シルクロード」と言われます。今で言うカザフスタン・バルバラ湖あたりが弓月国で、それもなんと、弓月国の「ヤマトゥ」というところから来た移民はもともと「ヤー・フダ（ヤー・ハダ）」と言われていました。「ヤー・フダ」はユダヤという意味で、やがて神のヤーがとれてフダ（ハダ）となり、それが肌の語源になったとも言われています。どっちが先だかよく分かりませんが……。

「秦の織り」は機織《はたおり》という語源になっていきました。たぶんシルクロード回りで東の日出る島を目指した人たちは、途中のあまりのしんどさに、カザフスタンや中国などでいったん腰を落ち着かせたと考えるのが自然だろうと思っています。

全国の八幡神社は彼らの神社です。「ヤー（神）秦」でヤー・ハタ……ヤハタとなります。

英語に「―gh」という綴りがありますでしょ？　本来god（神）とhuman（人間あるいは秦氏）が一緒に並ぶのは失礼なことですから「gh」は発音しないのですが、秦氏の智謀によって日本の八幡神社では並ぶことができるので、ここから神仏一体が根付くようになっていきます。それがもとで、天皇と御一族は人間なのに「神」と崇められ、人間、動物、自然を含む万物の創造主も「神」とみなされます。日本人はここが混乱しているのです。

もう一つ付け加えれば、仏教が伝来したおかげで、死後の「あの世」と「神の世界」まで日本人はごちゃ混ぜになっています。死後の世界を想像するしか救いのない貧しい民のために、その救済策として考え出されたことが「あの世では救われる」だったのです。だから、頑張って苦しいこの世を生き抜きましょうということ。あの世に神様や仏様がいるわけではありません。

死後の世界があるかどうかですが、数えきれない人々の最期を看取った医師であり、臨死体験さえも経験した私から言えば、ありません。臨死体験は死ぬ直前に脳内麻薬物質が多量に分泌されるために多幸感の中でいろいろな夢の現象をもたらせるわけで、別にあの世の入り口ではないのですが、あの世に行くときのホルモンがもたらす一つの現象です。

「あの世に安易に救いを求めずに、この世をどうか生き切ってください」と言うと、「あの世があるから、この世をまっとうに生きることができるんじゃないか？」「あの世に天国も地獄もないのなら、この世ではしたい放題やったもの勝ちではないか」と言う人がいらっしゃいました。救いのあるあの世があるから今を一生懸命生きられるというのでしたら、そのように考えて生きればいいことであって、他人の損得なんて考える必要はないのではないのでしょうか？　ただ、子供の教育上はまっとうに生きなきゃあの世で閻魔さんに舌を抜かれるよ、と教えるのはいいことだと思います。苦難も悲しみも喜びもあるこの世のほうが、なんの苦しみも悲しみもないあの世より幸せなんじゃないか——映画『かぐや姫の物語』のラストシーンでしたよね。

話がずれましたが、仁徳天皇は、彼らがもたらした絹織物に大変喜び、「大酒《おおさけ》」という名を与えました。日本語で〝オオサケ〟は「大なる幸せ」を意味しますが、実は音読みが同じ漢字に直して、中国語の読みに変える手法で大避、大闢（中国語）となり、すなわちDavid（ダビデ）の音をなすのです。

弓月とか融通という名前も当て字です。もともと「ユーズー」と発音され、ロシア人は今でもユダヤ人のことを「ユーズ」（ユード）と呼び、インドではイエスのことを「ユズ」と言います。秦の始皇帝も父親がユダヤ人で、つまり、秦氏は秦の始皇帝の子孫で、日本に流れ着いた人たちのことです。これらは景教学者の佐伯好郎《さえきよしろう》博士の説を引用しましたが、主流学会は、「倭は奈良」という説を曲げませんので、敬虔なクリスチャンのこじ付けだと相手にされていないとか、面白いフィクションだとか言われています。まるで日本の歴史主流学説派は天動説を曲げない人たちのように私には思えます。本誌でお伝えしてきた阿波の歴史をお読みいただければ、佐伯先生の説があながちフィクションではないことがご理解いただけると思います。私はキリスト教信者でもなければ、どこの宗教にも属していませんので、客観的な立場から声を大にして言うことができます。

大杉博氏の「邪馬台国、四国山上説」がNHKで放送される予定のようでしたが、「今までずっと奈良・京都でやってきたのだから、そんなことは今さら変えられません」という一言で却下されてしまったそうです。大杉博士はユーチューブに「本当の邪馬台国」として対抗する意味で流し始めましたのでご参照下さい。主流派からのけ者にされても、日本のアイデンティティーのために言わなければなりません。「それでも道は阿波より始まる」と。

奈良・京都よりもっともっと前の古代のいきさつを知っていただきたいと思います。

こうして、再びユダヤ教から時代を経て原始キリスト教化していったシルクロード回りのユダヤ人たちは、ひと足早く着いた海路の人たちよりも遥かに遅れて、さまざまな土地で時を経て根付くうちに、本来の目的を忘れてしまい、やがてまた苦難に襲われて逃げ落ちたところが東の日出《いづ》る島、日本だったということです。ここで彼らは、やっと神に命ぜられていた「第二エルサレム建設」の記憶を呼び覚《さ》まし、先人のユダヤ系天皇一族と秦氏を中心として平安京

（エルシャローム）を創っていくのでした。

八咫鏡《やたのかがみ》を作った徳島市八多《はた》町の天津摩羅《あまつまら》一派製鉄関係のタタラ族も秦氏の祖ですので、住んでいた地名も「はた」、鏡も「やた（はた）の鏡」と名付けたのです。ユダヤという意味の総称を「はた」とするならば、二〜三世紀に大勢で押し寄せた秦氏だけをとりたてて「はた」と称するわけではなかったのです。大陸から遅れてきた「秦氏」と、もっと早くに四国に来た海路回りの「秦氏」がいたということです。

阿波の民はユダヤ教と同じく偶像を崇拝しなかったため、ユダヤ民族は日本人本来の心のあり方に宿っていったのです。神道とは、もともとユダヤ教の一神道です。前にお話しした大乗仏教がそもそもキリスト教から派生したものなので、ルーツはみんな一つです。

学校で「一五四九年にキリスト教が伝来した」と習いましたが、単にポルトガルのイエズス会フランシスコ・ザビエルが、バリバリの現在の確立されたカソリック派キリスト教をもたらしたということにほかなりません。

藤原不比等《ふひと》の陰謀

藤原氏（旧姓中臣《なかとみ》）は徳島県板野郡藍住町の登美《とみ》一帯（登美谷・富谷、東登美・東富、中登

美・中富等）を支配する豪族でした。地図でいうと四国霊場二番、三番札所から南にある徳島自動車道「藍住インターチェンジ」あたりに位置します。中臣鎌足《なかとみのかまたり》は元来、中登美鎌子《なかとみのかまこ》という名前でした。妹の登美矢比賣《とみやひめ》が邇速日命《にぎはやひのみこと》の后になります。吉野川南岸の山から下りてきた邇速日命は、中臣家の西隣、徳島県阿波市阿波町（日吉谷《ひよしだに》、郷志谷）から鳴門市大麻町萩原に勢力圏を持つ豪族でした。子孫を八代孝元天皇、九代開化天皇に嫁がせ、崇神天皇の先祖となります。

邇速日命は登美の長髄彦《ながすねひこ》に神武と戦うように命じます。神武と邇速日命は皇位を争う関係でした。戦場は板東谷川を挟む下流の鳴門市大麻町萩原一帯（四国霊場一番札所霊山《りょうぜん》寺あたり）です。この一帯には有名な萩原古墳など沢山の古墳が点在しています。標高七四メートルの大谷山丘陵の西山谷二号古墳は、神武天皇の参謀宇豆比古《うずひこ》の蔡場、天河別《あまかわわけ》神社古墳群は神武天皇の兄、稲飯命《いないのみこと》と三毛入野命《みけいりののみこと》の蔡場です。この西山谷二号古墳の石室の構造が、後の奈良盆地にある初期の王墓のルーツとなります。

激戦の末、長髄彦が勝利し、最終決戦を邇速日命の本陣阿波町で迎えます。日神子時代からの名戦士・久米一族が長髄彦を討ち、邇速日命は神武に帰順し、戦いは終結します。亡き長髄彦は阿波に蔡場を造ることが許されず、祖父や父の眠る萩原一号・二号古墳から遠く離れた奈良の纏向《まきむく》に運ばれてホノケ山古墳として葬られました。

神武は徳島市渋野町《しぶのちょう》佐野《さの》（徳島動物公園あたり）に陣営を敷きました。幼名が狭野命《さののみこと》でしたので、現在佐野神社という名で残っています。神武天皇は宇豆比古を水先案内人参謀として大谷川右岸に着きます。『記紀』には「浪速渡《なにわのわた》りに着岸」と書かれているので、いかにも大阪っぽい名前ですが、ここでいう浪速とは大谷（大谷焼の大谷）から鳴門市里浦（ブランド鳴門金時芋・里むすめの里浦、地主は清少納言のお父様）にかけた急流地という意味です。神武の異母兄《いろせ》の五瀬命《いつせのみこと》は、渋野町から神南山《かんなびやま》を挟んで南にある八多《はた》町五滝《ごたき》で生まれ住んでいた人ですが、この戦いで負傷し引き返す途中、徳島市上八万町大木《おおぎ》御所の内あたり（雄水門《おのみなと》）で崩御します。昔は、大木を「大岐」（ふなと・みなとの意味）と書き、船泊まり港の場所です。この大岐上流の佐那河内村寺谷《さなごうちそんてらだに》に五瀬命を祀る五王神社（佐那河内村神社記録では五瀬神社）があります。ここが五瀬命の蔡場です。崩御地は和歌山県ではありません。

また、神武は橿原《かしはら》で即位したということになっていますが、奈良の橿原ではなく阿波市土成町の「橿原神社」のことで、戦勝の宴を催し、渋野町に戻って神南《かんなび》の樫田（佐野神社や丈六《じょうろく》寺《じ》の近くにあります）で即位しました。神武元年が紀元前六六〇年ではなく、イスラエル人が東の日出る島に辿り着いたのが紀元前六六〇年であり、本当の神武元年とは、徳島の橿原で即位した甲寅《きのえとら》年のことです。甲寅年とは、前述しましたが、古代へブライ語で「トーラ（モーゼ五巻の巻物＝聖書）を授かった」という意味です。

熊野の戦い／和歌山でなく徳島がその舞台

この板野郡と阿波市の境にある土成町《どなりちょう》が本来の「熊野庄」で、神武記の「熊野の戦い」の場所です。日神子の時代から続く日神子軍団「久米一族」のことが、この熊野庄から阿波連峰を望んで援軍を求めた久米歌として残されています。板野郡の熊野神社とはそういう神社です。この小さな誰も振り返らない神社には拝殿に十六花弁菊花紋、大屋根には皇后の葵紋が堂々と付いていています。和歌山県にも熊野神社があり、こちらが「熊野の戦い」の舞台と認識されていますが間違いです。もちろん、この神社には天皇の紋はついていません。烏《からす》の神紋です。

邇速日命は長髄彦の妹、登美夜比賣《とみやひめ》と結婚し、その系列から蘇我氏、物部氏、穂積《ほづみ》氏、葛城氏、中臣氏などの有力支族が生まれます。藤原氏は中臣から出て、鎌足の子、不比等だけが藤原姓を継ぐことになりました。

時は移り、平家打倒「鹿ヶ谷《ししがたに》事件」の首謀者、藤原西光《さいこう》（師光《もろみつ》）も同様に板野郡の出身です。ついでですが、私の嫁ぎ先の香川家は平教盛《のりもり》の筆頭重臣で、縁戚関係も結び、もともと大内姓を名乗っていました。壇ノ浦で源義経を追い込み、大内に兜鎧を預けて身軽になった教盛は、ちょうど前にいた義経の舟に飛び移りますが、そこには三人の家来がいて、一人を蹴り出したところで、義経に海中に逃げられてしまいます。義経を逃がそうと執拗に迫る残る二人の家来を両脇に抱え込み、入水したのが平教盛の最期です。教盛の鎧兜を持って上勝《かみかつ》の福原《ふくはら》に入植し、神明《しんみよう》神社を建て「教盛大権現《のりもりだいごんげん》」として祀ったのが、大内家です。その一人が江戸時代に京都の賀川《かがわ》医師に医術の手ほどきを受け、「香川」と改名して医家系となり、私の主人で十四代目になります。三代目の「香川文慶《ぶんけい》」は上勝の赤ひげと言われ、今でも文慶が寄贈した御神輿が出ます。その後の代になっても上勝に無料で発電所を作ったり、ダットサンを住民の無料バスにしたりとボランティア貢献をしました。あまり金欲がなかったせいか、残念ながら、私たちに残ったのは歴史だけです。

阿波の藤原京／阿波で千年、京で千年

六九四年、藤原に宮処を定めて鎮祭を行ったときの記述が『日本書紀』にあります。

《五月庚寅遣使者奉幣干四所伊勢。大倭。住吉。紀伊大神。告以新宮》

（五月庚寅の日、使者を派遣して伊勢国、大倭国、摂津国、紀伊国の四か国の国魂乃神に幣を奉り、藤原の新宮処が完成したことを告げた）

藤原宮は四十一代持統天皇から始まった都で、わずか十六年間でした。持統天皇は奈良へ行くのをかなり嫌がったようですが、中臣《なかとみ》という名前は神武天皇の敵だと、ずっと後ろ指を差されてきたので「藤原」と改名し、阿波では生きていられないので、どうしても遷都が必要だったのです。アークの問題などの前にそうした藤原不比等の陰謀もあったわけです。この記述をみると、使者が大倭に派遣されたということは、藤原宮が奈良ではなかったことは明らかです。奈良県橿原市ではなく、藤原宮跡は現在の徳島県吉野川市鴨島町上下島です。平安京が七九四年ですので、奈良には実際のところ百年ばかりしかいなかったことになります。しかも平城京の時はまだ、阿波から行ったり来たりしていた時期だったのです。昔から「阿波で千年、京で千年」という言い伝えさえあるのです。

徳島駅前の天神社には藤原役乃君《ふじわらのえだちのきみ》の尊像が安置されています。藤原宮の造営に携わった藤原役乃君の末裔は全員工藤姓になっています。全国の工藤さんのルーツです。ところが天神社には大きな牛が飾られています。正直なところ、徳島の食肉業者の大手は藤原さんというので「藤原の牛肉」となんか関係あるのかいな……くらいにしか思っていなかったのですが、ユダヤ教やヒンズー教などでは牛は食べませんし、尊獣とされていました。やはり、こういうところでもユダヤ教はひっそりと息づいているのです。

空海と四国八十八ヶ所／神山地方には今も原始キリスト教の信者が多くいる

空海の時代（八〇〇年前後）には、唐にも景教（アッシリア東方教会系のキリスト教）が伝来していました。古代、徳島の神山《かみやま》地方は改定ユダヤ教、あるいは原始キリスト教でした。現在でも多くの原始キリスト教信者が住んでおられます。

神山地方は昔から人の出入りがほとんどありませんでしたが、どういうわけか、数年前から外国人が住み始めました。NHKニュースでも「町全体に光ファイバー通信網を張り巡らせたことで都会よりもネットのつながりが速くなり、自然を楽しみながら仕事ができると、IT関連企業も進出し始めた」と報道していました。もちろん彼らは、ここが古代の倭国であることなど知る由もありません。外国人は知っている可能性が高いようですが……。というのは、中国のハッカーに最初にやられたのは、日本広しといえども、徳島県佐那河内村と神山町の役所だったのですね。役所の人は「なんでよりによってうちが……?」とテレビで言っていましたが、お勉強不足です、お役人さん。

当時の朝廷は、南ユダ王国を滅ぼしたアッシリア系キリスト教がすぐ近くまで迫っていることを知ると、剣山の「アーク」が絶対に見つからないように隠そうとします。そこで朝廷は、唐に留学中の空海を急きょ帰国させ、剣山を人の目から隠すよう命じました。帰国した空海は数年がかりで「四国八十八ヶ所」を整備しました。四国八十八ヶ所とは単に寺社を建立したということではなく、「四国に来た者は寺参りを済ませたら剣山には目を向けずに帰りなさい」という意味の「結界線」の役目もあったのです。更に紀伊地方には阿波と全く同じ地名を付け、徳島にある神社（元宮《もとみや》）を分魂《ぶんこん》して各地に神社を配置していきました。しかも元宮に一般人の目を向けさせないために、元宮から分魂した神社を派手で立派にしました。六七五年に行われた「吉野宮での会盟」では、四国を隠蔽する策略を練ったといいます。各神社の元宮に対応する神社（上段）は次のとおりです。

伊勢神宮（三重）＝八倉比賣神社（徳島市国府町矢野）
下鴨神社、上賀茂神社（京都）＝鴨神社（徳島県三好郡東みよし町加茂）
松尾大社（京都）＝松尾神社（徳島県名西《みょうざい》郡神山町）
伏見稲荷大社（京都）＝稲荷神社（徳島県阿波市市場町稲荷）
諏訪大社（長野）＝諏訪神社（徳島県名西郡石井町浦庄《うらしょう》字諏訪）
住吉大社（大阪・博多・下関等）＝住吉神社（徳島市藍住町住吉）

熊野大社（和歌山）＝熊野大明神（徳島県板野郡熊野庄）
橿原神宮（奈良）＝橿原神社（徳島県阿波市土成町）
大和神社（奈良）、大国魂《おおくにたま》神社（東京）＝＊倭《やまと》大國魂《おおくにたま》神社（徳島県美馬《みま》市美馬町）

＊大国魂神社は数多くあっても「倭大國魂神社」は徳島にしかありませんので、それだけでも倭は阿波だったことが分かります。倭大國魂神社の神紋も事代主神社も八倉比賣神社もメノーラ（ユダヤ教神事に使う燭台）のマークを柏手に隠しています。

橿原神社（徳島県阿波市）

熊野大明神

倭大國魂神社

鴨神社

徳島県板野郡の熊野大明神の神紋は十六花弁菊花紋と皇后の桐紋。和歌山の熊野神社はヤタガラス。神武天皇紀、熊野の物語もこの地方が舞台。本来「ヤタガラス」とは黒いカラスではなく、八多町の「烏」「古烏」という人名でした。

上賀茂神社と下鴨神社

前述の、ニニギ命《のみこと》ゆかりの「殯《かりもがり》の宮」は鴨神社です。殯の宮は、死体を本葬するまでの長期間保存しておく宮のことで、墓は加茂山の北の端にある積石塚《つみいしづか》（丹田《たんだ》古墳）としてあります。ニニギ命は「加茂の大神」とか、日本有数の雷多発地帯でもあったため「雷神」とも俗称されていました。鴨神社では、葬祭の時期には葵が茂るため、祭礼を「葵祭」と呼ぶようになりました。元寇の役のときもわざわざ天皇が勅使を差し向けて戦勝祈願を行った場所です。

後世に畏れ多いとして、山裾に参拝所として建てられたのが「鴨神社」です。後に空海は京都の守り神として鴨神社から分魂して「上賀茂神社」と「下鴨神社」を建てました。そして京都を南北に流れる川は「鴨川」と呼ばれるようになりました。

文化八年（一八一一）春、京都から従三位《じようさんみ》上阿部加賀守《じようあべかがのかみ》が徳島に赴いて、元宮独自の祭式をすべて京都下鴨神社様式に改めるよう指示しました。ちょっと、どうよって感じしません？

でも、しっかりと出張神社のほうが世界遺産になっているのです。

時は経ち、明治新政府の政策により天皇は「現人《あらひと》神《がみ》」となったので、昔の阿波を語る学者や藩主は幽閉、抹殺され、風土記等の資料も隠され、いつのまにか語る人もいなくなり、時代とともに阿波地元の人さえ、自分たちの土地の歴史を知ることがなくなりました。

多くの日本人が、つい三〇年前にも東北地方で大津波があったことさえ忘れているように、人間の記憶なんてそんなもんです。そして四国は「死国」「隠国《こもりく》」となりました。しかし、空海は「この秘密は四国に鉄の橋が架かる頃になると徐々に明かされていくだろう」と予言しています。どうして明かされるかは、神様のご意思によって明かされなければならない時期が来たということ……かな？　夢物語のようですが、調べれば調べるほど本当のようです。私たちのいる日本は変な国みたいです。

私はもともと古事記に出てくる人物にも神社にも、山登りにもユダヤにも聖書にも特別興味

丹田古墳
標高三二〇メートルの尾根端部に造られた前方後円墳で、結晶片岩の割石を積んだ「積石塚」。出土遺物には舶載獣形鏡・鉄剣・鉄斧などがあり、四世紀代の築造とみられる

があったわけではありません。冒頭に述べました、旧約聖書に暗示されている「日出る東の島々から、やがて神の栄光を携えてやってくる。そして神の願いは成就する」とは何を暗示しているのか、『君が代』に隠された古代ヘブライ語の意味「立ち上がれシオンの民、残された神の選民よ、喜べ人類を救う民として神の願いは成就する。全地あまねく述べ伝えよ」とはどういう意味なのか、日本の宿命とは何なのかといった、暗示のような謎解きに興味があっただけです。そのために日本の始まりを知る必要があったのです。これを解き明かすことができれば、日本人の使命が見えてきます。ただ単純に誰か空想好きな人が壮大な物語を描いて、それに支配されてしまっているのかも知れませんが、数千年前のことなんて分かりません。不思議なことだらけです。書店に並ぶ推理小説よりも、ずっと面白いと思いませんか？　難しい人名や地名が多くて嫌になるかも知れませんが、頑張ってこの謎解きを一緒に考えてみましょう。

珈琲ブレイク　〝陛下、ぜひ京都にお戻り戴きたいです！〟

皆さんは、日本を「にほん」と呼びますか、それとも「ニッポン」と呼びますか？

正しくは、イスラエル十二支族の中のカド族の長男が「ニェッポン」という名前でしたので、「ニッポン」が正しいようです。でも、天皇陛下はお正月の一般参賀で「ニホンの皆さんの健康と幸せをお祈りしています」って仰っていましたが……。

　ところで個人的な考えですが、今上天皇ご夫妻には京都御所にお移りいただいたほうがいいと思います。せっかく神の願う国として第二エルサレム（平安京）を京都に築いたのですから。その名のとおり、京都だけは戦火を免れてずっと平安を保っています。首相の任命も京都御所で行うと、ありがたみが出てしっかりやろうという気になるのではないでしょうか。また、外交面でもへたに利用されなくて済むし、京都にお住まいになることで、一般市民に日本人としての自覚や誇りが生まれます。天皇が京都にあらしゃいますと、やっぱり「一味違う」のです。

　京都の人はもっともっとカムバックコールをあげるべきです。天皇ご一家をはじめ、皇族の皆さまにはどうか京都にお住まいいただきたい。そうしてこそ「神の国」にふさわしいシチュエーションになると思うのですが……。

第十一章

もうひとつの国 アルツァレト 倭建命と聖徳太子の足跡を辿って

「幻に現れたその群集は九つの部族だった。彼らは異教徒の群れを離れ、先祖がかつて住んだことのない土地へ行き、せめて自分の国で守ることのできなかった規律を守るようにとの計画をお互いに持ち寄って、さらに遠くの国へと向かった。それはアルツァアレトという地だった。彼らはそこで最後まで住み……」（エズラ書四書より）。

果ての地、アルツァアレトとはいったいどこのことでしょう？

イスラエル国歌「ハティクヴァ」

皆さんはイスラエルの国歌を聞いたことがありますか？　スメタナ作曲の「わが祖国・モルダウ」と同じメロディーで、「ハティクヴァ」と言います。

十六世紀イタリアのテノール歌手ジュゼッペ・チェンチが作曲した「ラ・マントヴァーナ」が源流で、これは更に昔の『Fuggi Fuggi da questo cielo』という民謡に付けられたメロディーだそうです（ユーチューブでも聞けます）。マーチっぽい国歌が多い中で、なにかしら暗～いイメージの代表は日本の「君が代」と「ハティクヴァ」です。しかも「君が代」は五七五調、「ハティクヴァ」は七五七調です。作詞はナフタリ・ヘルツ・インベルという初期シオニズムの家に生まれたユダヤ人です。これがたまらなく面白い歌詞なんです！

ハティクヴァ（日本語訳／我らの希望）
作詞：ナフタリ・ヘルツ・インベル

心の底で切望していた
ユダヤの魂はずっと求めていた
そして歩き出した　東の果てへ
その目はただシオンの地を見続けた
希望は未だ尽きない
二千年続いたその希望
自由のある私たちの国
シオンとエルサレムの国
自由のある私たちの国
それはシオンとエルサレムの国

シオンとはエルサレムの歴史的地名であるにもかかわらず、あたかも二つの国があるようです。「歩き出した、東の果て」とは、かつて栄えたイスラエルのシオンをもう一度建国しよう、神の規律を守りながら自由と平和を享受できる新しいエルサレム（平安京）を東の果てに築こうと夢見て辿り着いたアルツァレト、つまり日本のことだったのでしょうか。

実におかしな歌ですよね。作詞者は何を知っていてこんな歌詞をつけたのでしょうか。ナフタリという名前からして、十二支族のうちのナフタリ族なんでしょうね。日本でも、隠蔽《いんぺい》されていた（気付かなかった）事実を知る人は限られていたのと同様に、ユダヤ人とて日本との関係をみんなが知っていた訳ではなかったようです。東の日出る島のことを伝えようとしたシャルヤシュブ（ツァクヤン・月読命）の話でさえ、当時のイスラエル人は「そんな馬鹿な……」って笑うだけで相手にしなかったのですから。さあ、私たちも平安京を目指して話を進めてまいりましょう。

倭建命《やまとたけるのみこと》や聖徳太子はウチのご近所さんです

――って言うと、また笑うでしょ。嘘だと思うならこっそり宮内庁に問い合わせてみて下さい。本当のことですから。

倭建命の父は十二代景行天皇（推定在位三二一〜三三〇年）で、本名は「大帯比古《おおたらしひこ》淤斯呂《おしろ》別命《わけのみこと》」（古代ヘブライ語で〝生ける大王ヤハウエの代理〟）。私の家のすぐ横、気延山《きのべやま》に城を構えていましたから、景行天皇もご近所さんです。読者の皆さんならもうお分かりですね。「比古」がついているから倭《やまと》の出身です。

この「大帯《おおたらし》」ですが、その昔、阿波で褌《ふんどし》のことを「帯《たらし》」と呼んでいました。海で泳ぐときにサメ避《よ》けに褌を垂らしていましたので海人族です。海人族の先祖はもともと高天原の人でしたが、時代が進み、高天原は山《ソラ》の人と、大国主命や事代主命のように海側（いづも）を拠点とする豪族に分かれていきました。やがて十代崇神天皇が高天原山族と海人族を統一します。

倭建命の母、播磨《はりま》稲日大郎女《いなびのおおいらつめ》は、播磨風土記に登場する印南別嬢《いなみのわきいらつめ》と同一人物とされ、兵庫県加古川にいた綺麗な女性でした。氏素性はよく分かっていませんが、名前に「別」という字があるところを見ると、おそらく倭人ではありません。しかし、天皇の妃は代々倭人でなくてはならないことから、「播磨稲日大郎女」と名前を変え、以南《いなみ》に住まわせたのでしょう。現在は、宮内庁が管理する加古川市の日岡陵《ひのおかのみささぎ》に埋葬されています。

以南とは、以乃山《いのやま》（眉山《びざん》の旧称）から見て南という意味で、徳島県南部の小松島《こまつしま》市、阿南《あなん》市などに該当します。

私が子どもの頃に通っていた福島小学校の校歌に「以乃津の東～」という歌詞があります。学校は以乃山の東にあたる吉野川河口近くにあり、現在は「伊東地区」と呼ばれていますが、本当は「以東地区」なんです。当時は校歌の意味も分からないまま歌っていましたが、きっと小学校の先生もご存じなかったのかもしれません。私が住んでいる国府町は以乃山の西なので「以西《いさい》」、私の診療所は「以西土地改良区」に用水管理代を支払い、「以西さん」という人が若干住んでいる程度で、あまりこのような呼び名は使いませんので農協や郵便局の人も地名の由来まではご存じないと思います。麻植《おえ》郡が合併して吉野川市となったり、以乃山が眉山になったりして、昔の地名がどんどん失われ、何が何やら分からなくなりました。

倭建命伝説

倭建命《やまとたけるのみこと》は阿南市橘町で生まれ、幼名は「小碓《こうす》」と言いました。後に倭建命のお后となる橘比賣《たちばなひめ》は同郷の人で、津乃峰山《つのみねさん》の東あたりに住んでいました。

成長した小碓は、徳島県吉野川市川島町に住む伯母の倭比賣《やまとひめ》と謀り、吉野川上流の脇町にいた屈強な熊曽建《くまそたける》を殺害したため、倭の西の地方には小碓以外に猛々しい者はいないということから、「ヤマトタケルノミコト」と呼ばれるようになりました。

遠征から引き揚げる途中、今度は吉野川河口（伊豆毛《いずも》地方）に住む勇者「伊豆毛建」を鮎喰《あくい》川のほとりで殺害します。その後、現在の国府町観音寺《かんのんじ》に住み、勝間の井（気延庄の名勝地）

で身を整えました。『阿波風土記』には、

「勝間井《かつまい》の冷水《しみず》、此より出づ。勝間井と名づくる所以《ゆゑ》は、昔、倭建の天皇命《すめらみこと》、乃《すなは》ち、大御櫛笥《おおみくしげ》を忘れたまひしに依りて、勝間《かつま》といふ」

とあります。ちなみに、むかし徳島の人は櫛のことを「勝間」と呼んでいたそうです。

その後も兄の大碓を殺害するなど倭建命の猛々《たけだけ》しさに対して、父の景行天皇は「獅子身中の虫」と嫌気がさし、東方遠征を命じます。出征する際、「思えば吾既に死ねと思ほし召すなり」と泣きながら倭比賣に会いに行ったところ、「ちょっとやりすぎたようじゃったと思うでよ。仕方がないな～、まあがんばりなよ～」と言ったかどうかは分かりませんが、東方遠征の祈願に神儀を行った場所が現在の川島城跡です。川島城ができる前には「東道神社」がありましたが、今では東側斜面に移され、みすぼらしい祠《ほこら》になってしまいました。倭建命は、多くの丸木舟の軍団を従えて吉野川から東へと旅立っていきます。そのときに詠んだ望郷の歌があります。

勝間の井（徳島市国府町観音寺）

《倭は国のまほろば　たたなづく青垣　山ごもる　倭し美わし》

「まほろば」とは住みやすい、すばらしいという意味。「たたなづく」は幾重にも重なっているという意味で、垣根のように幾重にも重なる山々に囲まれているさまです。しかし、二度と生きて帰ることはありませんでした。御子帯中津比古《たらしなかつひこ》（仲哀《ちゅうあい》天皇）は「父の魂は白鳥になった」と言って、後に白鳥《しろとり》陵（徳島県名西《みょうざい》郡石井町白鳥）に葬りました。

仁徳天皇は白鳥陵を瀬戸内の鎮守とするため真北に分魂しました。それが讃岐白鳥町の白鳥神社です。後世になって讃岐松平家が当地の白鳥神社こそ元宮だと主張しましたが、『阿波風土記』に明記されていたので、阿波の白鳥神社を元宮と認めました。倭建命が遠征した先々で「倭建命信仰」が生まれ、ここで水を飲んだとか、ここに立ち寄ったなどの逸話が残っています。

川島城天守閣から吉野川を望む。ここから倭建命は東へ向かった

府中を「こう」と読む理由

全国に府中は数あれど、私の医院の北側、国府町府中は「こくふちょう・こう」と読みます。ずっと昔は太閤の「閤」でしたが、いつのまにか「府中」となって読み方だけが残りました。太閤とは摂政や太政大臣をしていた人の呼び名で、そのお屋敷の門があったところが大御和《おおみわ》（倭）神社《じんじゃ》あたりです。地元では「こうの宮さん」として親しまれています。その人とは、言わずと知れた聖徳太子です。

古代日本では、国司が着任したときの最初の仕事は寺院を巡ることでした。けれども、だんだん面倒臭くなって、平安時代には各地方の国府に総社をおいてそこに参拝するようになりました。阿波総社は国府町の大御和神社です。実は三キロ離れた西隣町の石井町にも小さな大御和神社があり、これが末社だとすれば、おそらく大御和神社はよほど広大な敷地だったのでしょう。いずれも神紋は「鍵」です。

神社の正面入り口には、「人皇四十二代文武天皇の大宝二年、この閤宮《こうのみや》より国印と国庫の鍵を差し上げしより印鑰大明神《いんやくだいみょうじん》と号す……」と書かれた看板があります。諸国の「国印」が作られたのは大宝四年になってからですから、それより二年前のこの印鑑はまさに日本の国印だったのです。お遍路の皆さ～ん。この大御和神社の前を何気なく通り過ぎていますよ～。ああ、もったいない。

大御和《おおみわ》神社の二つの鍵が意味するものは？

大御和神社の神紋は、二つの鍵（key）がクロス（X）したものです。Xには謎解きという意味があり、数学では「解」に使われます。ギリシャ語でXは「キー」とか「カイ」と読みます。

（X＝キー＝key＝鍵＝重要・要《かなめ》、X＝カイ＝解＝解答）

つまり、このマークは「ここ大御和神社は重要な鍵で、謎解きの答えがありますよ」ということを表しているので、わざわざ鍵を二本交差させているんです。

このように音《おん》になおすと、宇宙で同一数理を踏む言語、あるいは数字に意味をもたせることができるものを「言霊」と言います。言葉に魂が宿る「言魂」（ことだま）ではなく、「ことたま」と読みます。オヤジギャグではありません。

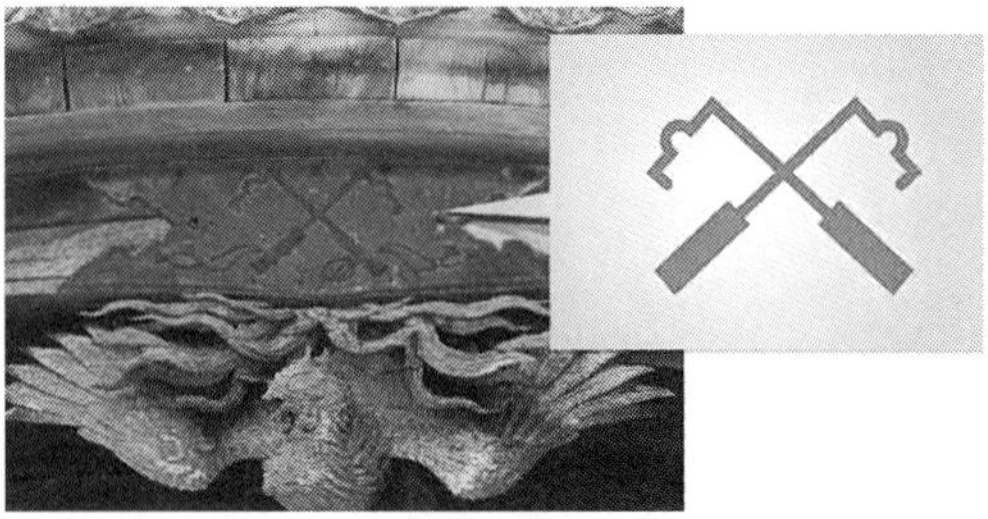
大御和神社神殿の神紋

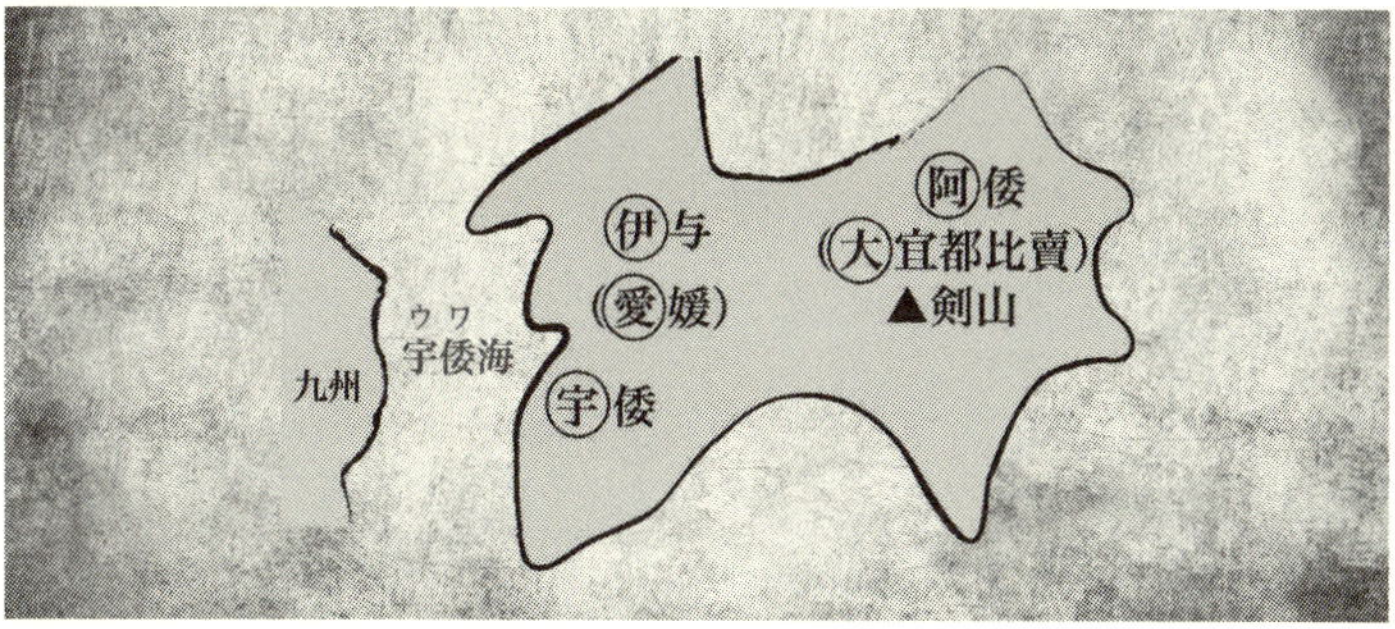

当時の地名の頭文字をあつめるとあいうえおになる

五十音は阿波（徳島）から始まる「あ」、伊予（愛媛）の「い」、宇和海の「う」、愛媛（姫）の「え」、大宜都姫《おおげつひめ》の「お」と並んでいます（図）。当時高知と香川は阿波国の一部でした。勢力を伸ばして邪馬台国となった姿が「あいうえお」です。こういう謎解きのような不思議な仕掛けをいろいろとしています。また五十音は、すべて「あ」の音で始まり、「お」の音で終わります。

黙示録一章八節、二十一章六節、二十二章十三節に「我（神）はαなりωなり」とありますが、α（アルファ）もω（オメガ）も「あ」音、「お」音です。または「あいうえお」がαで「わゐうゑを」がωとも言えます。ギリシャ語は、αで始まり、ωで終わります。このことがまさに「神は言葉であり、言葉は神とともにある」ということであり、宇宙法則、生死一元ということがこの五十音にはあるということです。四十七音に「いえう」を被らせて五十音にし、イエスの持つ宇宙法則性を神としてあるのだそうです。気付きましたか？

そう、五十音を持つ日本語には神が宿っているんです。五十音に関する「イエス」のトリックについては五九頁をご参照下さい。（一部、高根学説―コトタマ講座より引用）

高根正教氏は半生をかけて、剣山になぜアークがあるのかを解き明かすために聖書を研究していくうち、（古代）ヘブライ語、アルファベット、日本語、数字の間には宇宙の数理の法則があることを発見し、それらにこの法則をあてはめると「日本のことが隠されている」ということを解き明かしました。

高根学説にもとづく四国剣山顕彰学会の研究活動が認められ、二〇一四年四月八日、田辺健さんが昭和天皇の弟君、東久邇宮《ひがしくにのみや》さまから文化褒賞を授賞されました。ということは、今まで本誌で面白おかしく書いてきたことが皇室に認められたということになります。

聖徳太子の出生地

「聖徳太子は、推古天皇のもと、摂政として蘇我馬子と協調して政治を行い、遣隋使を派遣して大陸の進んだ文化や制度を取り入れて、冠位十二階や十七条憲法を定めるなど天皇を中心とした中央集権国家体制の確立を図った。また、仏教を篤く信仰して興隆に努めた」

これが学校で習った聖徳太子です。奈良でお仕事をされる以前は、当家のすぐ北側に住んでいました——また恥ずかしくなって照れ笑いをしてしまいます。

聖徳太子の幼名は「厩戸皇子《うまやどのおうじ》」と言い、大山《おおやま》を源流とする讃岐の厩戸（馬宿）川沿いの地で生まれたのでこう呼ばれるようになりました。一説によると、イエス・キリストが馬小屋で生まれたのを知っていた人がいて、それに準じた逸話が作られたのかも知れないということですが、さてどうなんでしょう。

聖徳太子はすべての人の言葉をもらさず理解し、答えを返したと言われます。当時の日本には大陸から多くの移民が来ていて、幼いときから多言語に晒《さら》されていたため、彼らの言葉が理解できたのでしょう。当時、政治の中枢にいた人たちは、古代ヘブライ語で会話していたそうです。

私の家を挟んで鮎喰川の対岸には眉山《びざん》がありますが、昔は以乃《いの》山と呼ばれていました。どうして以乃山が眉山と呼ばれるようになったのか。私自身、吉野川の北岸から見るとまるで長い一本の眉毛のように見えるからだと思っていたのですが、どうやら違ったようです。

聖武天皇の時代、船大王《ふねのおおきみ》が剣山系を目指して、武庫浦《むこのうら》（兵庫県）から阿波へ船出しました。見える山々は眉の如しです。そのときに詠んだ歌があります。

《眉の如　雲居に見ゆる阿波の山　かけてこぐ舟　とまり知らずも》

これから向かっていく剣山系の山々を胸に描いて詠んだにもかかわらず、後世になって誰かが以乃山のことだと解釈して「眉山」と名付けてしまったのです。

眉山の山頂を「毛受ヶ原《もずがはら》」と言い、東と西の両端を「毛受の耳原」と言います。東端には十八代反正《はんぜい》天皇陵がありました。反正天皇のお父さまは仁徳天皇です。徳川幕府の命令で元禄十四年に発掘された際、『古事記』に記載された「身の丈九尺二寸半、歯の長さ一寸、幅の広さ二分、上下正しく整いて既に珠を貫けるがごとくなりき」という同じ寸法の全身の御骨と御刀が発見されました。これは、天皇の容姿について初めて記載されたものです。聖徳太子は「この域南北に枕し、東方に向へ開けるは、是正に浄瑠璃世界に相応せる域也。よりてこの前尾の峰を救世山《くせざん》と号し一山を開かん」と言って眉山の西端に救世山峰薬師（古名は遍照寺、現在は法谷寺）を建立しました。後の世に空海がここを「我この地を三密修行の根本道場になす」として、法隆寺の元社となる真

眉山（旧名以乃山）

言宗最高位に位置づけました。もちろん法隆寺より古いのですが、法隆寺が「日本最古の木造建築」とされています。

法谷寺《ほうこくじ》には、峰薬師像と救世観音像（国宝）がありましたが、江戸時代末期に行方不明となり、明治になって（一八八四年）、奈良の法隆寺で布にくるまってゴロンと寝かされていたのを岡倉天心が見つけました。開いてみると、聖徳太子を模した救世観音像にでっかい楔《くさび》が打ち込まれていたそうです。後に聖徳太子一族を根絶やしにした蘇我氏の仕業なのか、あるいは藤原氏の仕業なのかミステリアスです。どうして「徳島に返して〜」って言わないのかなぁ。

そして、鮎喰川を南に跨いだ「日孁命《ひるめ》神陵」摂社の「宇佐八幡」を遍照寺の鎮守としました（日孁命は日神子の霊名）。宇佐八幡の「佐」は、元来「狭」という地形を表しています。こちらも残念ながら大分県宇佐市の宇佐八幡宮が総本社を名乗っています。

遍照寺と天石門別《あまのいわとわけ》八倉比賣《やくらひめ》神社とは一対になっていました。遍照寺の奥の院は「熔造皇《ようぞうのすめら》神社《じんじゃ》」（眉山の登り口、八坂にあるので別名八坂《やさか》神社）で、祭神はスサノヲ命です。その境内には武内宿禰《たけのうちすくね》の陵「高良《こうら》大明神」や、聖徳太子の「殯《かりもがり》の宮」と言われる「常厳寺」があったというのですが、現在は不明です。

聖徳太子は、神山町にある日孁命《ひるめ》神陵を国府町矢野の気延山《きのべやま》に移しました。鮎喰川を挟んで対岸に、これと同規模で同じ標高地点にあるのが、眉山カントリークラブの中にある「八人塚古墳」です。これはスサノヲ命の墓ではないかと言われています。

熔造皇神社は現在、徳島大学病院の前に蔵本八坂神社として移されています。徳島の人でもこの神社にスサノヲ命が祀られていることはほとんど知らないと思います。全国にある八坂神社は、もともと熔造皇神社のスサノヲ命を分魂したもので、京都の八坂神社も本家は熔造皇神社です。八坂の「ヤー」も「神」という意味の古代ヘブライ語から派生していますので、決して「はちさか」ではなく、「ヤーサカ」と呼ぶのが本当です。

ユダヤを隠した聖徳太子

さて、JAの講演会の最後に「日本は一神教だったのだとすると、どうして多神教になったのですか？」と聞かれました。いい質問です！

眉山・八人塚古墳近辺の図

ユダヤ教が徐々に原始キリスト教（景教、ネストリウス派キリスト教）となって、シルクロードを経てアジアに伝播しました。一方、聖徳太子は大陸から、他人の幸せのために拝んだりお布施をしたりする大乗仏教を取り入れました。大乗仏教とキリスト教は思想的に同じです。メシアの代わりが弥勒です。古代ヘブライ語でメシア、ギリシャ語でキリスト、日本語ではミロクとなります。

空海は原始隠れキリシタンです。ユダヤ教の中でもヒツジの生贄など、不必要な殺生を神は望んでいないので、新しい地アルツァレトではそういう習慣をやめなさいと神様に求められました。だからこの時点で、日本のユダヤ教は本来イスラエルであったユダヤ教の姿から変化したものとして出発しました。

前述の「遍照寺」の遍照とは「広く照らす」という意味で、マタイの福音書五章十六節「あなたがたの光を人々の前で輝かせ」を漢語でもじったものです。十二世紀には、法然や親鸞が「南無阿弥陀仏」の念仏を大衆化しました。「南無」とは、「帰依する」とか「信仰する」という意味で、「南無阿弥陀仏」とは、「阿弥陀仏を信じます」とか「阿弥陀仏に帰依します」という意味を表します。法然や親鸞は、この念仏を唱えるならば、誰でも浄土（キリスト教で言う天国）に行くことができ、救われると説きました。これは聖書「使徒の働き」二章二十一節の、「主の御名を呼び求める者は、誰でも救われる」と同じ意味です。キリスト教信仰が、さまざまな国や人と交流していくうちに変化していったのにほかなりません。

聖徳太子はキリスト教的な思想を隠し、空海はローマ系キリスト教からアークのある日本を守るために試行錯誤しました。思想の似た大乗仏教を取り入れたものの、ただ一つ難点がありました。偶像を拝むということです。これはユダヤ教の教えでは禁忌です。

神ヤハウエの望む愛と光のある世を築こうと努力してきたにもかかわらず、聖徳太子の仏教政治に反対を唱えて物部氏が立ち上がりました。聖徳太子の本音の神道が分かってもらえなかったのです。でも、このときの偶像を拝むか拝まないかはやがて私たちの態度に大きな変化としてやってくるのでした。〝神は私について下さっているから困難があっても前進しよう〟という態度と、〝どうか神様助けて下さい〟とひたすら願い待つ態度の違いになってくるのです。

JA講演では「聖徳太子もユダヤを隠したのです」とだけ答えましたが、きっと分かっていないと思います。そこまで話すとまた一時間講演が延びてしまいますからね。

聖徳太子はその後奈良に出向き、皆さんの知る聖徳太子の歴史へとなっていくわけですが、最後は蘇我入鹿《そがのいるか》によって一族根絶やしになります。お墓を移動させることはタブーとされていたにもかかわらず、移動させまくったバチが当たったのではないかとも言われています。そもそも『聖徳太子』という名前は死後に付けられたもので、存命中には存在しなかったとさえいいます。『徳』という字は死後に怨霊を恐れて蘇我氏が付けたとも言われています。蘇我氏にとっては単なる政権を狙っての付き合いでしかなかったのです。

これから先は、地震に見舞われ、また重大なことを隠すために、阿波人一同、四国を後にし、奈良へと移っていきます。この頃の天皇、官僚その他の役を担う男子は、まだ奈良と阿波を行ったり来たりしながらのお勤めだったようです。だから都の痕跡はあっても、ずっと住んで栄えた形跡が乏しく、また阿波の住民調査では「働き盛りの男性がある期間にいない」という不思議な現象がありました。

そうしながら大陸まわりで来た秦氏を中心に京都平安京が築かれていくのでした。

第十二章　OUR（阿波）STORY

東京の小さなホテルに泊まったある日のこと。

枕元には『聖書』の代わりに『古事記』が置いてありました。著者は、自称〝物を言う皇室〟竹田恒泰《たけだつねやす》さん。「ホテルに古事記を置こうプロジェクト」で無料配布されたもののようです。なかなかいいことだなと思って開けてみると「阿波」の〝あ〟の字もない！

すなわちこの本は、阿波の「倭《やまと》」を奈良の「大倭」と間違えて判断したうえに、実際に歩きもしないで地図とにらめっこしてでき上がった本居宣長作『古事記』の現代語訳でした。だからってどうのこうのと言うつもりはありませんが、私たちは私たちの「阿波の倭」路線で行くことにしましょう。

徳島にあるキリスト神社

阿波に残る史跡や伝承、人物伝の話はまだまだ尽きませんが、本書は阿波古代史がメインではありません。隠された四国（狭義には阿波）のからくりを探ることは、一見私たちとは何の関係もないと思われる壮大な聖書の予言「東の日出る島、神の栄光さえ知らない民……」という一連のくだりが何を意味しているのかという謎を解く旅物語でした。

その謎が解ける扉がすぐそこに見えてきましたが、その前に、もう一つだけとっておきの史跡を紹介します。それは、剣山の入り口にあって、隠れるようにひっそりと佇む「栗枝渡《くりしど》八幡神社」（キリスト神社）です。戦前までは、剣山に登る前には必ず栗枝渡神社にお参りしなければなりませんでした。鳥居がないため一般的な日本の神社とは異なっていますが、安徳帝の御霊も一緒に祀られているため、拝殿瓦には天皇家の十六花弁菊花紋が付いています。

イエス・キリストは復活して四国へ渡り、剣山へ行ったとか、日本から再びよみがえるだろうとか、日本で生まれて東方の三使者によって預けられた人がナザレのマリアだったなどという説があります。その後、旧約聖書やキリスト伝説は平安時代初期には日本全国に飛来し、青

栗枝渡八幡神社拝殿脇のキリストの祠？
日本で唯一鳥居のない神社

青森県の旧戸来《へらい》村（現新郷村《しんごうむら》）にあるキリストの墓。戸来はヘブライ、十来は十支族と関係があるのだろうか？

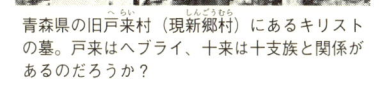

森県戸来村《へらい》にはなんとキリストの墓まであるといいます。

元来「悟り」とは隠されているものです。気がついた人が話すと、それがイエス・キリストの復活となります（キリスト教信者さん、ごめんなさい。あくまで持論ですから）。つまり、本書でさまざまな謎解きを知り、腑に落ちた人が復活したイエス・キリストだと思いましょう。

イザナギ・イザナミの章で話したイシュァナギ、イシュァナミの「イシュァ」とは、イエスの古代ヘブライ語読みで、救いとか救い主という意味のことです。「イエス・ナギ」がイザナギ、「イエス・ナミ」がイザナミです。だから私たちはイエス・ヨシコ、イエス・ハナコ、イエス・タロウ　イエス・ジロウ……と一億人がイエスになり得るのです。「さくらさくら」の〝いざや〜、いざや〜〟という歌詞や、イザヤ預言者の〝イザヤ〟はいずれもイエス・ヤーで、〝神よ、救い給え〟という意味です。

ついでにもう一つ分かったこと。「かごめかごめ」の歌に〝夜明けの晩に〟という詞がありますね。前に、夜明けの晩とは夜明け前にぐっと暗くなる一時期のことだと書きましたが、更によく調べてみるとユダヤの習慣では一日の始まりを日没、すなわち晩から数えるため、十二月二十五日は十二月二十四日の晩から二十五日になるんですって。だから「夜明けの晩」というのは「ある日」という意味でしかありません。

神の正体

いよいよお待ちかね、長い旅路の解「X」です。実は私もこの連載を書いている最中で分かったのです。前章で書いたことですが、大切なところですので、もう一度おさらいします。二一三頁の地図をもう一度ご覧ください。

四国は、阿波の「あ」から始まり、伊予の「い」、宇和の「う」、愛媛の「え」、そして阿波の大宜都比賣《おおげつひめ》（日神子の穀霊名）の「お」で終わります。つまり、阿波から始まり阿波で終わり、それはまた始まりとなるのです。神そのものだと言われるアーク（聖櫃）は剣山にあり、剣山を中心に完全なる神の言葉の原音「あいうえお」が四国に配置されました。更に阿波だけで五十音の最初のあ行から始まり、わ行で終わるようにも工夫されています。

このように、空海が生まれる前から誰かによって五十音の原音「あいうえお」が四国に配置されていました。余談ですが、空海という名前は、四国は山（ソラ）の国で、四方がイヅモ（海）に囲まれていることから名付けたそうです。

難解な聖書の一つ、ヨハネの福音書に、「我（神）はα（アルパ）なりω（オメガ）なり、我は始まりなり終わりなり」「はじめに言葉ありき、神は言葉とともにあり、神は言葉なり」という一節があります（αとωはギリシャ文字の最初と最後の字）。シュメール文字が基礎になった古代ヘブライ語は、ギリシャアルファベット、阿波神代文字へと移り完全形の五十音「あいうえお〜わを（ん）」となりました。つまり、五十音そのものが神の言葉となる「音韻」なのです。また、各行の「あかさたなはまやらわ」はそれぞれすべて「あいうえお」の音に至りますから、「あいうえお」の五音こそが神の音源の最小単位でもあるのです。

前章で、「（古代）ヘブライ語とアルファベットと日本語と数字は数理を踏む法則を持っていてお互いに相関関係を宿している」と書きました。例えば、数字の「四」を音にすると「し」で、日本語では死を意味し、アルファベットの四番目「D」も「death」で死を意味するというように相関を持っていますので、言葉の暗号として四国を隠すことも可能だったのです。また、甦《よみがえ》りの「四《よん》」でもあります。誰がこれほど壮大な言葉の計画を成しえたのか、なぜそうしなければならなかったのか、解が〝なぜ今なのか〟までは分かりませんが、今日という日まで、神様が何者で何を云わんとしていらっしゃるかが、言葉と数字で隠されていたのです。

神とは、見えるものではなく、大宜都比賣を意味する「光」（エネルギー、気）と、愛媛の「愛」のことだったのです。このことは、四国にヨハネの黙示録の意味を配置し、剣山のアークが必要になるときまでずっと封印されていたようです。神様はおっしゃいました。

「すべての人々に光と愛を手向《たむ》け、あなたがたは私のプラスの波動（音）を言葉にして広くあまねく伝えなさい。慈愛のある良い言葉そのものが私である。日本は東の日出る島、私の栄光さえ知らない民だが、最後の私の選民よ、私の栄光を発信し地球を守る民となりなさい」

これが、ユダヤと阿波古代史から学んだ答えであり、創世記来、神ヤハウエから与えられた日本人の生きる道、つまり「日本人のアイデンティティー」だったのです。

My story、His story（History）、Our（阿波《Awa》）story

East《イースト》（東）がEaster《イースター》に変化すると「東の人」ですが、実際は「復活祭」ですよね。これも聖書に隠された語源の一つで、東から光と愛がやってきてイエスが復活するということを示唆しているのですが、それを知る人はアメリカ人でも何人いらっしゃいますかしら？

いまだに各地で起こる紛争、日本のみならず世界で発生する大災害や異常気象、マネー至上主義、といった現代社会を見ていると、ひょっとしてこの世紀は本当に地球最期の章に突入しているってことかも知れません。神様がかつてノアの大洪水でリセットされたように、再度リセットの準備を始めようと、今一度人類に警告を与えているように思います。その中で近年にわかに日本の礼節とか親切心、犯罪の少なさなどが世界の人たちに驚きをもって見直されてきました。いよいよ復活に向かって運命が開かれようとしているのでしょうか？

四国は、神の物語の『旧約聖書』と、イエス・キリストの『新約聖書』が混在し、「改訂版ユダヤ教」と「原始キリスト教」が混在する島だったのです。

旧約聖書は「My story」（私の物語）つまりヤハウエ自身の物語で、新約聖書以降は「His story」（彼の物語）つまりヤハウエから見た「彼」イエス・キリストの物語です。His story は「History」の語源ですから、歴史とは〝イエス・キリストの物語だよ〟ということです。

文字を音に変えて移動する数理法則に基くと、キリストの復活からの歴史は「Our story」となるわけです。Our とは私たちという意味の Our でもあり、Awa（阿波）の Our でもあるのです。阿波物語は東の日出る島、日本全体の物語となり、それが西の果てまで広がっていく時代がやってきたのです。アワは阿波のみにあらず、私たち日本から全世界へ発信するストーリーになっていくのですね。「My story」から「His story」へ、そして地球を救う神様の残された選民の努力によって世界中の「Our story」へと完結します。

君が代に隠された意味「残された我々神の選民は地球を救う民として神の栄光を全地あまねく述べ伝えよ」が聖書から始まり、延々と四国全体を封じ、今になっていよいよ謎が解かれたことを知った皆さん、誇り高き日本人でいて下さい。

似て非なる「叶う」と「吐く」

願い事を叶えるためには、まず言葉ありきです。ほら、「叶」という字はプラスのことを口にすると書くでしょ。反対にマイナスのことを言うと「叶」にマイナスが付いて「吐」（はく）となります。あなたが言葉を発するとき、いつも神様は見ています。プラスの言葉もマイナスの言葉も、ちゃんとそのとおりに神様がしてくれているのです。例えば「バカヤロー！」という汚い言葉を吐くと、そっくりそのまま自分に返ってきます。要するに自分に向かって「バカヤロー」と言っていることにほかなりません。もし「バカヤロー」に対して「なんだと、バカヤロー」と言い返せば、言い返したほうも「バカヤロー」で同じ穴の貉《むじな》です。人の悪口を言う人がいます。悪口はマイナスですから悪口を吐いているのです。できるだけいいところを探して認め感謝して、それを口に出してみましょう。

ソフトバンクの孫正義社長のお父さまは、幼少の正義氏を見るたびに「おまえはいい子だ、天才だ」と言っていたそうです。愛を持ってプラスになる言葉をかけることが、相手をすばらしく幸せな人間に変えていく最も近道なのです。神の栄光とは、慈愛と利他に満ちたプラスの言葉、前向きな言葉そのもので、その連鎖が「神の栄光が伝えられる」ということになります。

思考は言葉によって行動となり現実となりますので、良い言葉にあふれた家族や世界は笑顔の絶えない心穏やかで平和な楽園となるはずです。心から「ありがとう」と言えたら、神の栄光を知ったという行為と同じことです。

「ありがとう」を一万回連呼すれば幸せになれるといって、実際にそれを実践していた人がいました。しかし、彼は不幸から逃れることができませんでした。彼にとってそれはビジネス言葉で形骸化したものでしかなく、結局「お金」に繋がっているということに彼自身が気付いていなかったのです。神様は見返りの必要な言葉でしかないことを見抜いていました。何事も慈愛利他です。

もし耐え難い不幸が訪れても、前向きに慈愛利他を忘れずに生き抜いていけば、光射《ひかりさ》す答えは必ず用意されています。それはその人の悟り、学びとなり、それを体験したとき初めて、神様が意図的に辛いことも学びも用意されていたことに気がつき、感謝へと変わります。口先ではなく、どんな些細なことにも感謝する心が芽生えたら、それは「幸せ」の到達地点です。やがて寿命がきても神様がちゃんと見守る中、感謝と幸福感に包まれながら死んでいくわけなので、ちっとも怖くないと思います。いかがでしょうか？

懲りない人たち

苦労とは神様が悟りを示すための御業《みわざ》です。そこからプラスの意味（学び、悟り）を見つけることができず、不幸を嘆くだけで終わっている人のなんと多いことでしょう。

例えば、がんに罹《かか》って余命を宣告されたりすると「なんで私が？　まだ十分生きてないのに」と、どうしていいのか分からなくなります。では、あなたががんにならない代わりにあなたの子どもさんがなればよかったですか？　あなたの隣人がなればよかったのですか？　周りの人が味わう悲しみと苦痛をあなたが引き受けてあげたのかも知れません。

「健康なあなたに私の苦しみなんて分からない」とおっしゃる人もいます。それはマイナスの言葉を吐いていることになります。苦しみはあなたご自身に背負わされた修行なのです。それを吐かずに人生をプラスに変え、自分が苦しいぶん、もっと他人を思いやれる方向に持っていきましょう。余命なんて本当はあってないようなものです。病気は忘れずに、けれども悩まずに！です。

東大卒で博学な私のお友だちAさんは、大学病院で突然「あなたは末期がんで余命三ヵ月」

と宣告されると、泣く時間すらもったいないからと、あわててやり残した仕事や趣味に没頭し、今までよりも充実した日々を送り始めました。彼は治療を受けながら三年経ちましたが、今でも元気で旅行も堪能しておられます。

そんなAさんに、「しっかりしろよ」と会うたびに励ましている友人がいました。元気印の代名詞のような人でしたが、心筋梗塞であっという間にお亡くなりになりました。

旅立ちの途中で、

「まだ余命を宣告されたお前のほうがよかったよ。俺なんか想定外だからいまだに死んだ自覚がないぜ」

「あちこち具合が悪い、どこか病気じゃないかって毎日悩んでいるよりましじゃないか」

「それもそうだな、じゃあお先に。あっちでも俺、甘い脂の乗ったステーキいっぱい食うよ、お前みたいにがんになったらおしまいだからな。元気なうちに、たらふく食べておかないと」

「あれ？　死んだこともまだ自覚してないのか。う～ん、懲りないなあ……」

悟りがないぶん幸か不幸か、もう一度娑婆のこの世に生まれてくるかもしれませんね。

I was born. とは？

人は苦難に遭遇したとき、あきらめずに真剣に生きているとそこに脱出、解決という奇跡が起こります。いじめられて「自殺」までしてしまうのは真剣に脱出する方法を考えていないからです。輝かしいはずの人生を生き抜くことを放棄したということです。

「いじめられていることを親に知られたくない」とか、「誰にも相手にされない人間だと思われたくない」など、プライドがあるうちは生きることに真剣であるとは言えません。「〜された、〜だと思われたくない」という自己中心的な考えが根底にあるからうまくいかないのです。輝かしい人生は待っていても誰も運んできてくれません。自分なりの生きる目標（使命）は自分で見つけなければなりません。

自殺というのはその学びを与えようとした神様の行為を拒否したということにほかなりません。日本、あるいは日本人という集団ですら、神様からの使命（宿命）を帯びているのですから、あなたにも、またあなたにも、それぞれに生きている意味も価値もあるのです。だから他人の命も自分の命も粗末にしてはいけないし、マイナスの言葉を浴びせることもよくないということがお分かりいただけたかと思います。

I was born. ——日本語では〈私は生まれた〉と訳しますが、本来は〈生きとし生けるものは創造主から命を与えられている〉という意味で受身形になっています。命は自分のもののようでも自分のものではないのです。人にはそれぞれ与えられた使命があり、それを見つけることが人生なのです。その使命は、私のようにもう先が見えた時期にやってくるかもしれないので、いくら自分探しをしても見つからないと焦《あせ》る必要はありません。物事を感じ、楽しく、前向きに生きる、あるいは苦しみ悲しみ、そうした中で悟り学んでいると、いつの間にかきっと自分の使命に出会うことでしょう。

第十三章

『ザ・ヴァイオリン』から生まれ変わった『アヴェ・マリアのヴァイオリン』

『アヴェ・マリアのヴァイオリン』誕生の軌跡　大都会の喫茶店にて

持った湯呑みをバッタと落とし、小膝たたいてニッコリ笑い、笑ってみたけどワーンと泣きだした私。周囲の人たちのびっくり顔。覆った手の隙間から相手を観察。はすかいに構えているけど、しっかりと私を見ている。

（やばい！　目が合っちゃった）

角川書店（二〇一三年十一月より株式会社KADOKAWAに社名変更）編集部の担当F氏は隙を逃がさず。ドスのある低い声で、

「先生、泣いても無駄です」。

（しゃ〜ない……。しゃくりあげながら手を下ろす私）

「そうやってね、皆さん十回、二十回と泣きながら一人前のプロ作家になっていくのです。ほら、ここのくだり！　だいたい驚いた人がこんなにしゃべりますか？　クラウス夫人が

単行本『アヴェ・マリアのヴァイオリン』の表紙

驚いたって、これじゃあ、どんな感じで驚いてるんだか分からないでしょう」

「……ですよね～。じゃ、どんなふうに」

「例えばですよ、クラウス夫人は電話口を塞ぐと振り向きざまに震える声で、『確かハンナのお姉さんは足が悪かったわね』と言ったとします。その一言だけでその場の緊張感まで伝わるでしょう？　いかがです？」

「な～るほど確かに。あっ、しまった。録音機持ってくればよかった。え～っと何だって、もう一度お願いしますぅ」

「自分で考えて下さい。次のページ、この一文なんてまるで中学生レベルですよ。例えば先生なら、このコップをどう表現します？」

「じぇじぇっ!!」

「じぇじぇじゃないです。『手のひらの感覚が鈍るさまを覚えながら、眩いばかりの光を操っていた』とか書くと、氷の入った冷たいコップや氷に夕陽が当たって光る様子が分かるでしょう。それにその前後の文章があれば、そのしぐさ自体が感情表現につながっていくのです。コップ一つの表現だって、単純に『冷たいコップ』と書くのではそれ以上のものは引き出せないんですよ。物事の表現方法をもっと勉強していただかないとね」

「でもミリオン作家の百田《ひゃくた》さんも、編集部からは単純明快中学生の文章だって言われてるらしいけど」

「他人のことは関係ありません。この本がどこを目指しているかです。ほらここなんて、作家さんはなんでも思いのたけを全部書こうとするけど、いらないものは削る！」

みんな大切な場面だから削るのは骨身を削るのと同じことと意を決して、

「じゃあ、書き足したここは削除したほうがいいですかね？」

「なに言ってるんですか、ここはうまいプロでもなかなか書けない、いい表現です。これ削っちゃあダメですよ」

「あっそうなんだ」

この人なりに誉めたりするんだ……と、ちょっと嬉しくなった心の奥を彼は瞬時に読み取り、

「ほんと、素人さんはどこを削ったらいいのかさえ分からないのだから、ったく！」

（いけずな奴）

「んじゃあ、そちらでいらないと思うところを削っちゃって下さい」

「では、板東《ばんどう》収容所のところをみんな削りましょうか？」

「あ〜ん、それだけはやめて下さ〜い。それがあるから私なんですぅ」

「でしょ。それじゃあ、何度も読み返して、自分でいらないところを考えて下さい。ついでに、ズトンとかヒューとか擬音語をできるだけ控えて下さい」

「でも、リアルでよく分かるんですけど……」

「漫画やライトノベルを書いてるんじゃありません！　いいですか、香川先生。我々はこの世に残る文学作品にさせようと、こうして努力してるんです。欲を申せば部数を売り上げて文庫本にしたいのです。文庫本になれば、地球がある限り先生の本は読みたい人のために、たとえそれが読者一人のためであっても永遠に刷り続けられるのです。先生だって一編でも文庫になれば、文庫作家といって作家の中でもずっと格上になるんです。『私の小説は文庫になっています』と言えば、多くを語らなくったって業界では一目置かれるんです。夏目漱石とか芥川龍之介と同じなんですよ。いや、ビクトル・ユーゴーの『レ・ミゼラブル』のように世界的な不滅の文学作品にしたいから、忙しい僕がこうして先生と何時間もやりあってるんです！」

——ずっと手直しの注文が入る。

自費出版のときとは違って、メジャー出版社の編集部は、こうして作家原稿にあれこれ文句をつけて「売れる商品」に変えさせていくのが主な仕事だったのです。作家の力量は編集担当者の力量だったんだな～、こんなに能力のある人が大都会には埋もれているんだなあ～と思いながら、例文を聞かされるたびに単純明瞭な文章が丸みを帯びて生き生きと光ってくるのを目の当たりにして、感動のあまりに泣きだしたのでした。

でも彼は、私が叱られて泣いてると思ったみたい。

（フン、そこらの女子高生じゃあるまいし）

指摘が続く最中、血糖値が下がったのか彼の声は遠くになりにけり。

「あのう、サンドイッチください～い」

サンドイッチが目の前に現れた途端、はっと我に返る。

「あのねえ～先生、人の話、真面目に聞いてます？」

（じぇじぇっ！　このサンドイッチ、絶対に離すものか。咥《くわ》えたまま上目遣いでうなずく）

「本なんて生きていくのに関係ないんですよ。本がなくったってね、人は生きられるんです。なのに本を手にとって買って下さる人のありがたさを先生はどこまで感じていらっしゃいますか？　我々はそこに誇りを持ってやってるんです」

（うんうんとうなずきながら、もうひとガブリ）

「商業出版とはそうしたものです。我々は買ってくれないような本は出せないのです。生きるのに関係ないものを買っていただいて成り立っているんです。この本はコミックやライトノベルじゃないからそんなに部数は伸びないかもしれません。それでも、我々は作る価値があるからやってるんです。一人でも多くの人に読んでもらいたいから必死でやってるんです！」

血糖値が多少上がってきて気が大きくなった私は、

「あのう、前にも聞きましたけど、その話……」と言ってのけたが、したり。沈黙の長い時間

が経ったように思われたけど、きっと十秒も経ってない。余計な一言だったと、さすがに顔を上げられずにモジモジしていると、

「皆さん、そろそろ閉店ですが……」と店長の声。

ドヤドヤとみんなが帰り始めて、気がついた。周囲の誰もが延々四時間トイレさえ立たず、我々の話に耳をそば立てていた。席を立ちながら、最後の「お笑い」を試そうと、

「わ、わたし、村上春樹に勝ってみせます！」とコブシを振り上げた。

お客さんも店員さんも一斉に振り向く。関西のおばちゃん、決してくじけない。しかし、東京じゃ笑いがとれないなあ……。

＊　＊　＊

『ザ・ヴァイオリン』異聞

「香川先生、『ザ・ヴァイオリン』お手もとにありますでしょうか。あれば売っていただけませんか。売り切れちゃってて、しかも中古品が値上がりして買えないのをご存じですか？」と知り合いからの通報。

な、な、なんと、『ザ・ヴァイオリン』（定価千二百円）の中古本はアマゾンでプレミアムがついて五千円に値上がりしているではありませんか。さっそく村上春樹の中古本を調べると半額に値下がりしています。

ヤッター、勝ってる。秘かに喜んでF氏にメールしたら、

「う〜ん、出品者はかなり強気ですね。我々が作り直すことがばれて売り急いだんじゃないですか」と返事が返ってきました。

（ハア〜っ？　売り急いでる人が五千円の値段付けるかぁ？）

と心で突っ込みを入れながら、原因不明のこのプレミアム騒ぎにほくそ笑む私でした。

製薬会社さんの接待禁止令が出てから、人としてのお付き合いがなくなった中、四六五〇円でお買い求めいただいた某薬品の担当さん、ありがとね。義理は返さないとね！　その後更に値上がりして一万円になっていました。懲りずにF氏にメールすると…

「アマゾンの価格の付け方、ちょっとおかしいんじゃないですか？」

（やっぱ、いやらし〜）

ハリウッド裏話

今度はちょっとさかのぼって、「ハリウッド裏話」をいたしましょう。

角川から「ダイヤモンドの原石」と評された自費出版本『ザ・ヴァイオリン』は、不思議な上昇運を持っている本でした。ドイツの地方都市の市長は、鳴門市のドイツ館でこの本を渡されたその一年後にEU総理大臣に任命されました。本を気に入って十冊買って下さった野党の議員さんはその一年後、与党の官房長官まで上り詰めました。本に出てくる曲をユーチューブで何度も聴いたという、地方銀行の片隅にいた「阿波の半沢直樹」氏は、翌年には日銀本店に抜擢され、ラジオドラマへ企画をくださったラジオ局の部長は翌年にテレビ局長に昇格、その他かなりユニークでいい人生の旅をもらった人が数知れなかったのです。そうして最後は自ら商業作品へと化け、同時に田舎の病院のおばちゃん先生をメジャープロ小説家へと押し上げていきました。

一方、翻訳された『ザ・ヴァイオリン』は、やがてアメリカのユダヤ人コミュニティーで話題になりました。彼らの一番の興味は、日本人がアウシュヴィッツ物語を書いたことが不思議だということでした。諜報局（？）が私のことを調べたら、なんとアークを隠している剣山のあるところに住んでる四国の女性だということが判明したというのです（それが何か？）。

彼らは私に「ここだけの話」として、日本の始まりと聖書に隠された日本の秘密を教えてくれることになりました。

それからは、初めてお会いするイスラエルやアメリカのユダヤ人がたくさん訪ねてきて「いっしょに剣山に登りましょう。徳島に残された我々の形跡をお教えしますから」のお誘い。

（山登りは嫌いなんだけど……でもあまりに面白すぎる！）

私もちょっとここだけ、シュネラーだけ、と思って書いてみたらどんどん外部に広がって、「送って頂戴私にも」、との電話の嵐に「シュネラー」の編集部はてんやわんやだったとか。

代表作『デイ・アフター・トゥモロー』のエグゼクティブプロデューサー、マーク・ゴードン氏から開発プロデューサー、T・G氏のところへ行き、挨拶と同時にこれからのことなどを聞いてみようと、ハリウッド入りをしました。そこには脚本家が二人待ち構えていて、「是非、私たちに脚本を書かせてもらいたい」と寄ってきて、右も左も分からなければ英語も聞き取れないチビマルコな私を各家庭へと連れ去っていきました。

アンソニーさん宅。

ハリウッドの山手にある大豪邸、抜けるような青空の中、白いパラソルの下で奥様のすばらしい手料理をわんさと出していただいてのお・も・て・な・しでした。そこにはグラミー賞ギタリストのアンドリュー・ヨークさんや、ダン・クレリさんが同席していました。アンソニーさんの向かい側のお家は有名なロック歌手のヴァン・ヘーレンさん宅です——って言われてもロックなんて知らない私は〝I don't know him.〟。

アンソニーさんは彼を誘いに行ったのですが、バンド巡業中で不在でした。どうしてグラミー賞の人たちまで来ていたのかというと、私の物語のテーマは「音楽」だったからです。二人とも私のファン（？）だそうで、これから私が進もうとする夢へのお手伝いをしたいとのことのようです。アンソニーさんは音楽プロデューサーですが、奥さんは映画脚本家です。

アンソニーさんは、各配役の写真をネットからコピーして曰く、

「クラウスは去年主演男優賞をとったこの人で、ハンナちゃんはこの子。楽器商の清原役はケン・ワタナベ」

「クラウス役はリチャード・ギアがいいと思います」

「彼は、出演料がやたらと高いよ！」

「じゃあ、トム・クルーズは？」

「彼はアメリカ人の顔だからダメだよ。ドイツ人のような人じゃないとね。リチャードはまだアイルランド系だからなんとかなるけどさ。まあ、彼が是非させてくれって言ってくれると値段は随分下がるけど」

そんなことを言い合いながら三時間ばかりランチをさせていただきました。

翌日は脚本家のヘルパリンさん邸。この人は有名な映画で脚本が採用された人です。私に見てほしいと、脚本原稿のコピーを渡されたのですが、英語がよく読めないので、子どもが巣立

ってまだ片付けられないでいる、ぐじゃぐじゃの部屋のどこかに忘れ去られてしまっています。

十八歳イケメンの息子さんが私に尋ねます。

「どこから来たのですか？」

「日本です」

「いえいえ日本のどちらからってことなんだけど」

（え〜、この人そんなに地方のこと知ってんのかしら……？）

「あなたは知らないと思うけど、徳島から来ました。徳島は四国にあります、四国はええと、日本がこんなでしょう、徳島はここ……」

「徳島ですか！　知ってますとも。剣山があるでしょう」

（びっくり仰天して）

「どうして剣山を知ってるのですか？」

「え？　だって、アークが隠されてるって有名ですよ」

この人、ユダヤ人でもなく、生粋のアメリカ白人です。日本人ですら、いえいえ地元徳島の人でさえほとんど知らないことですのに。ちなみに博学な私の主人は戦前からアークがあるという噂があるということは知っていたそうです。

開発プロデューサーのT・G氏は言います。

「この本は非常に美しい物語だったよ。クラシック音楽がまた雰囲気を盛り上げてる。ざっと日本円で八十億円くらいはかかる大型イベント映画だな。しかし、今のハリウッドは力がなくCGの娯楽映画ばかりやってる。こういうのをやらないとハリウッドがハリウッドでなくなっちゃうのだけどね。それにしてももう少し『板東』がほしいね。それに例えばここの話なんだけど、ほら、君のは『ハンナの奏でるアヴェ・マリアに親衛隊は涙した』とある。脚本の段階で、『親衛隊』と漠然としているところを特定の人と置き換えるんだ。その人は親衛隊の中でも特に悪い人でユダヤ囚人に悪業非道をするが、『その彼さえもハンナの奏でるアヴェ・マリアに涙した』って変えるのさ。どうだい。そのほうが見ていて迫力があるだろう。小説で漠然と描かれていることでも映像で見せなくてはいけないとなると、木がそこにあるかどうか、あるとしたら、バラックのどの位置に置くか。全部詳細まで具体的な絵にならないとダメなんだよ、脚本がよければアカデミー賞もとれるよ」

(ナルホド。映画はすごい、脚本家はすごい)

しまった、いまさら板東を詳しく付け加えて再出版なんてできっこないし、困ったなと思っていたら、四ヵ月後にちゃんと神様がその道を開けてくれたかのような改訂版商業出版の話が角川から転がり込んでこようなんて、いったい誰が予想できたでしょう。この運命、出来すぎとちゃう?

明と暗

もうこれで話もまとまったし映画になっていくんだな〜って喜んでアカデミー賞の夢まで見て日本に帰ってきたのに、T・G氏のところにもリーマンショックの余波が押し寄せ会社は倒産。行方知れずとなってしまいました。私もその日まで元気だったのに、翌日からは稀な症例の病気と診断されて半年間も大学病院に入院。病名が不明のまま、教授以下みんなが神様に祈りながら治療をしたそうで。美しくクレオパトラのように高かった鼻骨が一夜にして溶けてなくなったのでした（笑）。

主治医　「どうして鼻骨が溶けて鼻がぺっちゃんこになったんだろう。なにか覚えがありますか？」

私　「言われてみれば……八倉比賣神社の奥の院ペンタゴンの祭壇で『私はお調子者です。田舎の単なる女医さんが急に世間にひっぱり出されると、有頂天になって知らない間にお鼻が高くなってしまうかも知れません。どうか神様、私が今のままの私でいられますように。お鼻を高くしないで下さい』って祈ってたら、鼻が本当にぺっちゃんこになっちゃった、そんなことってあり？」

主治医 「……不思議ですね」

皆さん、私のお顔を見たら「ああ、神業だな」って拝んで下さいよ。

しかも更に不思議なことに、これから行う手術は世界初症例だとか。思わず喜んで娘とガッツポーズをとったら主人と教授は下を向いてる。

「アホかいな……治療法が分からんってことなのに」とマイナス思考の主人。

プラス思考の私は、世界一有名な患者になるってことは、世界一いいことも待ってるんだって単純に思ったのでした。そう思っていたら来ました、来ました。入院初日から医学情報雑誌からの連載要請です。

「ユダヤと日本の始まり話」を半年後から連載することになり、あれこれと資料を取り寄せてはまとめていきました。このために神様が時間を宛《あて》がってくれたのかと思うほどのグッドタイミング、ベッドの上は資料でグジャグジャ。ベッドサイドテーブルにはパソコン。どこで寝てどこで食べるのか、本当に重病人なのか。毎日朝の八時から深夜零時半頃まで下調べや執筆をしていました。主人の世話はしなくていいし、食事の準備もしなくていい。自分の好きなことをすればいいし、みんなが気を使ってくれるし、毎日病院のタリーズコーヒーも飲める。なんてこの世は天国なんだ！　個室入院は作家にとってホテルの泊まり込みより快適です。

——さて、粗原稿もできて退院間近になった頃に、まるでご褒美のように角川書店から出版の話が入ったのでした。部屋の掃除のおばちゃんと「バンザーイ！」。

そうかそうか、私に板東の話をもっと詳しく書かせるためにハリウッドはご破算になり、かわりに角川を用意したってことか。しかも、プロ作家になれば、ユダヤ人が教えてくれた日本の始まりの話も、そうして調べて分かった聖書の解き明かしのこともしゃべって聞いていただける立場になれるっていうこと。これこそ、アワ・ストーリー（Our story）の始まりをちゃんと与えられたってことのようで、買って頂戴、見て頂戴、不思議な命がけの名作『アヴェ・マリアのヴァイオリン』。初版部数は限りがありますのできっとまた中古値段が暴騰するかも？です。オフィシャルサイトもありますのでご覧下さい。

第十四章

板東《ばんどう》俘虜《ふりょ》収容所と三つの第九

青天の霹靂《へきれき》

まだ肌寒いある日のこと、角川書店の〝鬼〟編集担当者F氏が徳島へすっ飛んできました。これはしたり！『アヴェ・マリアのヴァイオリン』の売れ行きが良くないから初版で絶版にするという死刑宣告だな……と嫌な予感がします。

「出版してまだ何ヵ月も経っていないのだから、せめて今年いっぱいは様子を見てほしい」と嘆願してみよう……などと思いながら、彼を空港で出迎え、徳島駅まで沈黙状態で車を走らせていました。

「先生、お時間ございますか？」

相変わらず、重苦しそうなドスのある声。思わず握るハンドルに力が入る。

「駅の居酒屋さんに予約してあるので、そこでよければ」

「人がいないところがいいのです」

（ヤバイ……やっぱり……）

「じゃあ、車寄せをして停まります」

私の心臓はどっくん、どっくんと波打ち始める。そのうち〝ピー〟と止まらないように祈るばかりだと思いながら。

＊　＊　＊

彼は何も言わずに後部座席から一枚の紙を私に渡す。

あ〜もうだめだ、一巻の終わりだ、と思いながら険しい顔で黙ってその紙を眺め、ひたすら『絶版』の文字を探す。

何度も何度も『絶版』だけを目で追っているのだが、いくら眺めてもどこに書かれてあるのかさえ分からない。ずっと眺め続けている私にしびれを切らした彼は、「でしょ！　信じられないでしょ」と重い沈黙を破った。

「なんです？　よく意味が分からないんですが……」

「ほら、ここに大きく書いてあるでしょ」

私は彼の指差すところを見る。大きく枠で囲まれている文字。何度も見たのだけど、はて？　声を出して読む。

「青少年読書感想文全国コンクール・高校の部　課題図書？」

「そうですよ！『アヴェ・マリアのヴァイオリン』が選ばれたんですよ。もうこれは奇跡中の奇跡が起こったんです。会社中、大騒ぎだったんですよ。角川とて六十年間で三、四作しか選ばれてないですからね。まあ、小学校の絵本程度は専門の福音館とか、ポプラとかだいたい毎年取っていますがね。おかげで増版、増版。帯も「〇〇課題図書」って変えなくちゃいけないし、先には文庫も間違いないから、先生、芥川龍之介や夏目漱石のような文庫作家になれるんですよ。そういえば、先生のお写真、アングルが夏目漱石にそっくりですよね」と堰《せき》を切ったようにしゃべり始める。

まだ自分のことだとは理解できず、とりあえず「絶版宣告」ではないことが分かり、

「え〜っ！　絶版だと思ってた。文庫本になったらハンナちゃんは永遠に生きられるんでしょ、よかった〜。で、それって、夏休みの、あのいや〜な宿題の課題図書でしょ。作家や出版社サイドで見たら、そんな大げさなものですか？」

とりあえず返事をしてみたものの、私の反応があまりにも鈍いために、更に声を荒《あら》らげて饒舌《じょうぜつ》にまくしたてる。

「何言ってるんですか。去年の表彰式には皇太子さまもお見えになったんですよ。わけの分からない芥川賞なんてもんじゃない名誉ですよ」（すみません、私が言ったわけじゃないですから）

「芥川賞なんて文藝春秋が勝手に大袈裟にやってて、同人誌なんかに投稿される中から選ばれ

てるだけです。しかも誰が選んでるのか知らないけど、読んでみんなが共感できるようなもんじゃないエログロな変な作品ばっかりだから、芥川賞や直木賞には皇太子さまが列席なんてしませんよ。芥川賞作品が世に読み継がれたりしていますか？　課題図書に選ばれるのはいい作品だからですよ。名だたる作家が狙っても、おいそれとは選ばれないもんなんですよ。村上春樹や瀬戸内寂聴だって取れなかったんですからね。以前は、作家とか宇宙飛行士なんかの有名人の作品が選ばれていましたが、先生は今まで作家でもなかったし、有名人でもない。すなわち内容だけで勝負した。それだけすばらしい作品だってことの証明ですよ！」

「私の時代の課題図書には『ビルマの竪琴』とか、『嵐が丘』、『サウンド・オブ・ミュージック（トラップ一家）』、『野生のエルザ』なんてものがあったな〜。あんな凄いものと同じなのかぁ。よく分かんないけど、とにかく良かったんだ」

まだ煮え切らない私に、彼はイライラを募らせる。

「六万点の中から厳選されたんですから、角川としてもブランド商品になったんです。これから、少なくとも一年は芸能人並みに忙しくなりますが、先生の身柄は角川が預かりますからね。とにかく何かあれば、角川を通すように言って下さい。去年選ばれた人なんか、講演したら三百人収容の会場で千六百人の応募があったくらいです」

「あ、じゃあ私、村上春樹や百田尚樹に勝ったんやね⁉」とだんだん明るくなっていく能天気なワタシ。

「部数はともかく、世の中に価値があるかどうかという意味ではね」

「わ〜い、わ〜い。来年の表彰式、皇太子がいらっしゃるんだったら、何着ればいいんだろう。振袖？　さすがに五十過ぎて振袖はちょっと……。訪問着？　めんどくさいや、普通のスーツでいいかなあ……」とまあ、鈍い脳にだんだんと喜びが染みわたってきて、あれこれと忙しく思い巡らすのでした。

＊　　＊　　＊

居酒屋に行って乾杯のあと、ピッチを上げる鬼F氏に向かって、

「だいたい、Fさんと私は最初から気持ちが平行線なんよね。だけど、その平行線がFさんのキャラなんだからこの関係、面白いと思うよ」と、要するに性格の不一致をあげつらったんだけど、最後の言葉に反応して「ありがとうございま〜す」だって。

「この鬼！　阿波のフィッシュカツ、いただいて下さい」

「そんなこと言わないで下さいよ〜」

「いいや。これからは、踏んだり蹴ったりされた鬼だってあっちこっちで言ってやる」

「やだなぁ。おとなしい僕が、そんなことを作家先生にしていたってことになるじゃないですかぁ」

「そのほうが、インパクトがあって面白いじゃん」

「あざ～す」（呂律《ろれつ》が回ってない）

急に力関係が入れ替わった瞬間でした。オーホッホッホッホ。

家に帰って、「これからどんどんいくぞ。ハンナとクラウスがノーベル平和賞をもらえるまで母ちゃん頑張るぞ！」と主人に言うと、「あんた、やっぱり誇大妄想狂だと思うよ。ついて行けれん。けど、一応願いがちゃんと叶っていきよるんが不思議よなぁ」

これも皆さまの応援のおかげです。本当にありがとうございます。そして、「課題図書」という帯が付く前に、いい本だと思って買って下さった方々の眼力に脱帽いたします。

日本で初めて第九が演奏された板東俘虜収容所

最後になりましたが、いよいよ第九のお話へと進んでまいりましょう。

単行本が課題図書に選定された時の表紙と帯

「ヴァイオリン」というテーマで音楽の小説を書いたので、私のことをどんなに音楽好きかと思われるでしょうが、私は適当です。ベートーヴェンの第九も第一楽章の出だしを除いて合唱が始まるまで、できれば聞きたくないんです。要するにメインディッシュ以外は耐えられないタイプなんです。そんな私にとってウィーンの観光で夜な夜な開かれる音楽会はサイコー。メインばかりをやってくれますから終始盛り上がれます。

日本人って、実はものすごく第九と深い関わり合いがあって、なおかつ、この音楽とともに大きな平和貢献をしていたのです。謙虚さをモットーとする日本人だから、知る人ぞ知る程度のことかも知れませんけど、この話、大好きなので聞いて下さいね。第九にまつわる三つのエピソードです。

映画ロケ用のセット

三つの第九

最初は、十九世紀最後の頃のお話。

東京の骨董品屋の娘で、青山光子《あおやまみつこ》という人がいました。当時、オーストリア・ハンガリー二重帝国の伯爵（ハプスブルク家の家来）で、駐日代理大使として日本に来ていたのが、ハインリヒ・クーデンホーフ・カレルギーさん。彼が馬に乗って移動していたとき、〝おみっちゃん〟こと光子さんの家の前で落馬しました。おみっちゃんがホイノホイノと介抱してあげたのが縁で結婚することになりました（いいな、いいなあ。棚から牡丹餅、飛んで火にいる夏の虫！）。それでもっておみっちゃんは、ボヘミアからハンガリーにまたがる広大な領地を持つ伯爵夫人となり「クーデンホーフ光子」という名前になりました。華麗なドレスを着て、西洋の社交界にデビューしたのですが、人種差別もあったようです。でも、かっこいい旦那さま、差別でもしようものなら俺が決闘に応じるってなもんで、剣を抜いたかどうか知りませんが、彼女を守ったそうです。

そのうち子どもが七人できて、次男はリヒャルト・栄次郎といいました。リヒャルトはのちに、当時ヨーロッパの三大美女の一人、イダ・ローランというユダヤ人の女優と駆け落ち結婚をしました。リヒャルトは反ナチズムだったのですが、父のハインリヒは反ユダヤ主義だったため、ユダヤ人との結婚を受け容れることができなかったのです（長男のハンスもユダヤ人と結婚しました）。

昔、『第三の男』というウィーンを舞台にした映画があって、ほら、プラーダー公園の大観覧車と、チター演奏で有名な《ららららら、らら～ん》というあのメロディー。その映画のマーチンスっていう主人公のモデルはリヒャルトだったと聞いたことがあります。アカデミー賞を取った映画です。

リヒャルトは、『汎ヨーロッパ主義』を執筆し、講演も行いました。それが今のEUの母体となっています。だから、クーデンホーフ・光子は、「EUの母」と呼ばれています。リヒャルトは何度もノーベル平和賞の候補に挙がりながら、結局授賞されませんでしたが、ユダヤ人と日本人が手を組んで、ヨーロッパを平和な一つの国にまとめたとも言えます。これも、「地球の最期に差しかかったとき、東の日出る島の人（日本人）がユダヤと手を結び世界を平和にする……」という聖書の一節そのものですね。それでもって、EU連合国家の歌は、第九の「歓喜の歌」なのです。すごい話ですよね。

この話を知ってからは、EUは私たち日本人が作ったのよ、EUには日本人の血が流れているのよと思いながらニュースを見ています。この話は、かなり昔に吉永小百合さんが光子役としてNHKでドラマをやっていました。『レディーミツコ』という漫画もあったそうで、買いに行ったのですが、絶版でありませんでした。

第九の話その二

覚えていますか、約三十年間ドイツを二分したベルリンの壁。一九八九年十一月九日、突然東ドイツ政府が旅行の自由化を発表したことによって、事実上存在理由がなくなり、ハンマーを持った市民の手で壁が壊されていく光景は今でも忘れることができません。私の生きている間に実現するなんて全く予想もしていなかったから、本当にびっくりしました。

一九九〇年の東西統一式典では第九が演奏されました。こういう表向きの話は一般報道でご存じだと思いますが、ここからが私の興味をそそるところです。実は壁崩壊劇のかなり以前から、さる市民団体とあのハプスブルク家によって、東西統一の画策がなされていました。下準備ができたところで、壁崩壊の三ヵ月前の一九八九年八月十九日、ハンガリーの小さなショプロン村というところで「ピクニック計画」が実行されました。

「数時間だけ、ちょっと壁の門を開いてちょうだいな」という西側の申し入れに応じたわけなのですが、これが東ドイツ市民には事前に伝わっていたため、ショプロン村経由で市民がどんどんと脱出していったのです。門兵も事前に知らされていたのか、その様子をなす術もなく呆然と眺めるだけでした。これは「汎ヨーロッパ・ピクニック」と呼ばれていますが、皇帝の地位を奪われてもなお市民のことを想い、陰で君臨しているハプスブルク家の気概に敬意を表し、私は「ハプスブルグ・ピクニック」と呼んでいます。だから事実上はこのときが本当の自由を勝ち取った場面であり、あとは東ドイツ政府が仕方なく、規制緩和という自由化を発表せざるを得なくなってしまったのです。

数年後、ショプロン村のピクニック現場に、外務省関係の日本人女性が立ち寄ったところ、草ぼうぼうとなった野原に愕然とし、草を刈って記念公園にするようにハンガリー政府に働きかけました。それと同時に、日本から持ってきた桜の木をいっぱい植え、近くの大きな石切り場の中に照明器具を取り付けて第九の公演をしてあげました。今は見事な桜が咲く記念公園となり、石切り場では何年かごとに第九の公演が行われているそうです。

さらっと書けばこれだけのことですが、実際に行動に移した日本人女性の努力は大変だったと思います。この話を知って『アヴェ・マリアのヴァイオリン』の原稿を加筆したときに、是非、ハンナちゃんの意思を継いだあすかちゃんが、この第九に登場するという話にしたかったのですが、あえなく鬼編集担当者F氏によってボツになってしまいました（笑）。

ハプスブルク家が市民団体と実行したとはいえ、市民団体を指揮したのはハプスブルク家であり、家来であるクーデンホーフ家のリヒャルトが提唱した汎ヨーロッパ主義思想が生きていたのです。ちなみにハプスブルク帝国は非ユダヤとユダヤが共存共栄できる実験都市であったとも言われています。

世の中を変えていくのは、もちろん一人の力ではできません。多くの人の協力があってこその変革ですが、人々の思考を高いところに導き行動を起こすきっかけとなるのは、結局は一人の思考から始まるのです。日本の指導者にもそういう意味で、本当の変革をもたらすことのできる人がいるのでしょうか。

第九の話その三

三つ目は、拙著『アヴェ・マリアのヴァイオリン』にも登場する徳島県鳴門市の板東俘虜収容所です。

最終章の原稿を書いていたとき、NHK大河ドラマ『八重の桜』もいよいよクライマックスを迎えていました。幕末は誰を信じたらいいのか分からないような嫌な世の中でした。会津藩を中心に奥州各藩が人としての生き様を通すあたりには胸が痛みます。こんな苦い歴史のうえに私たちの幸せがあるのですね。

徳島県鳴門市にあった板東俘虜収容所は、第一次世界大戦中に青島《チンタオ》からのドイツ兵捕虜千人を収容するために作られました。この板東俘虜収容所を作ったのは会津藩士の家柄、松江豊寿《まつえとよひさ》所長でした。敗者の悲哀を知っている「会津魂」と、何人《なんぴと》をも受け入れる阿波の「お接待精神」、そして当時の赤十字の父アンリー・デュナンが提唱した「捕虜の人権配慮」の精神がうまく組み合わさって「板東の奇跡」が起こったのです。

松江所長は、捕虜を人道的に扱い尊重しました。板東は、お互いの文化交流が盛んになされることによって、今までにない世界、たった一つの真のエルサレム（平安京）を築いたところであり、世界でただ一つ戦時下において敵国同士が音楽を中心とした文化交流で友愛を育んだ地でもありました。

ドイツ兵たちはそんな鳴門市民や松江所長に感謝の意を表すために、自分たちにできることとして「第九」を演奏することを計画します。当時は男性ばかりだったので、女性パートの楽譜を男性用に書き換えたり、兵士の音程を調整したりするなど、幾度も挫折しそうになったそうです。

ドイツ兵の解放を控えた大正七年（一九一八）六月一日、板東で万感の思いをこめてベートーヴェン第九交響曲「合唱付」が演奏されました。これがアジアでの第九初演となります。おそらく日本のオケ界でもこの事実を知っている人はほとんどいないでしょう。そして、残念なことにここで演奏された第九は、地元だけの問題ではなく、世界に発信する価値のある演奏だったことを鳴門市民すら気がついていないのです。そうですよね、鳴門市長さん！

第九と言えば、年末恒例行事のようになっていますが、徳島では六月に演奏されます。今でもドイツと徳島だけの小さな交流として続けられていますが、この「板東の奇跡」は世界中に発信されるべきだと思っています。そしてその事実は人々の意識を変え、世界の平和をどうもたらすのかを具体的に考えさせるだけの意義があると思うのです。だから、『アヴェ・マリアのヴァイオリン』に登場させました。

一九二〇年四月に収容所は閉鎖されましたが、映画『バルトの楽園《がくえん》』（二〇〇六年六月公開）を収録するために別の場所で復元されました。ところが、ロケが終わると故鳴門市長の一存で住民運動の甲斐もなく解体されてしまいました。解体前、拙著『ザ・ヴァイオリン』を読んだユダヤ人の一人が、「板東なんてあるはずがない」と思いながら、剣山参拝のついでに立ち寄ったところ、ロケセットを見るや、「この世に本当にこんなところがあっただなんてアンビリーバボー、よしこさん。間違いなく神様があなたの地にいるからだよ。それを壊すだなんて、これほどバカげたことってあるかい？　日本人って何が大切で何が不要なものなのかも分からない国民かい？」と言ってニューヨークに帰ってしまいました。会津魂の復活、板東の再現が望まれます。

小林一茶の俳句に「日本は　はいり口から桜かな」というのがありますが、「年末は、どこにいっても第九かな」と言われるくらいに日本中で第九が演奏されるようになりました。そうなった理由は分かりますか？

焼酎ブームに「仕掛け人」がいたように、第九ブームにも「仕掛け人」がいたのです。創価学会を設立した池田大作氏です。彼は第九が日本中で愛され演奏されるようにしたいと願っていました。そして、みんなにいい音楽を提供できるようにと「民音（民主音楽協会）」を設立しました。私は創価学会の関係者ではありませんが、これは彼のすごい業績だと思います。こうして、今や第九はどこに行っても演奏され歌われるようになっていったのです。まだまだ阿波史の十分の一しかお話しできていませんが、とりあえず私の長～い阿波のお話はおしまいです。〈了〉

（二〇一五年六月二十日発売）

「ついに文庫作家になりました～。バンザーイ！」

文庫版『アヴェ・マリアのヴァイオリン』の表紙

あとがき

本書の内容に驚かれた方も多いかと思います。しかしながら、アークが本当に剣山にあるのか、出土しないうちは、事実は依然闇に包まれたままです。ほんとうにユダヤ人が「倭」を創ったのか……百パーセント本当かどうかは、私にもわかりません。また、私がこのようなお話をしても、ユダヤ説をオカルトの世界だと相手にしない人も大勢いらっしゃいますし、このような証明をしてもいまだに「倭」は奈良だ、島根だ、九州だとおっしゃる方々もいらっしゃいます。根強い議論を覆すことは容易ではありませんが、それでもいつか天動説が地動説になったように、言わなければならないと思って筆を執りました。

そして、一番大切なことは……本書の事柄が正しいと仮定するならば、日本の世界に対するあり方が見えて来るということです。

原発輸出は正しいことですか？

武器輸出は正しいことですか？

自国防衛以外に戦争に加担することはいかがでしょうか？

日本に神様がもし、いらっしゃるとするならば、それは神様が望んでいることではないと思います。

日本に原爆を落とし、原発事故を引き起こし、それらを克服しながら、地球にとって何が良いことなのかを、神様は日本からちゃんと発信できるように体験させてくれているのです。

偶然はなく全ては必然、と申します。それは若い人たちには分からないことでしょうけれど、ある程度歳を重ね、いろんな経験則が得られると、不思議とこのことが分かってきます。そうすると、そこに神様か仏様がいらっしゃるのか、我々はそれぞれの意識の波動によって、意識の住む世界が実際は各々違っているのか、引き寄せ効果やシンクロニシティーなど、これ以上のことはやがて量子力学という物理の世界が解明してくれることと思いますが、そういった目に見えない作用があることに気が付くようになります。

まずは、本書に書かれた事柄がどうであれ、我々日本人に目覚めがもたらされることによって、人々が意識を非常に高く持ち、世界に慈愛と光を授ける行動をとっていくようになることが肝要かと思います。どちらかというと、そのために信じていただければいいなと存じます。

どうしてそこに家が立っているのでしょうか。

それは、家を建てたいという夢を持った人が、何坪ぐらいの土地にこのような間取りで……という具体的な意識を持ったから、夢が現実になっていくのです。皆さんの周りにあるものは、まさに「意識」という前頭葉から出ている「周波数」という目に見えないものが作ったものなのです。神様のお導きで、エジプトからイスラエルに帰ったことは、モーゼの「哀れな民を救いたい」という一念、高い周波数の意識（強い意識）がやがて、神業《かみわざ》を引き起こしながらたどり着いたという旧約聖書は、あながち作り話ではないだろうことは、こうした量子力学的な意識を理解すれば、当たり前のようにさえ思えて来るのです。

そしてまたこの「意識」による不思議な出来事は、本書を書くに至ったきっかけである『アヴェ・マリアのヴァイオリン』という一冊の本が証明しています。自らがなにか突き動かされる感情のままに不眠不休で書かされ、やがてそれが世界を救う物語になるだろうと確信している強い波動が神業を引き起こし、その一つの事象として生まれたのが、本書なのです。皆さんが、このことを信じ、できるだけ高い意識を持って下されば、アーク探しや、古代についての香川説はオカルトだとか、そういうことは実際にはどうでもいいことなのです。

本書のように考えることは非常につじつまが合い、神様がこうして、日本人は世界を救うように作られた民だという意識のもと、私たちは行動しなければいけないという気持ちが惹起されるといいことなのだと、ひとえに思っているからです。そのためには、個々の人間関係においても、明るく誠実に、人の悪口を慎み、人の嫌がることをせず、慈愛をもって人の喜びを我が喜びとし、感謝の念をもって生きていく――それが世界平和への一歩だし、あるべき姿です。いまさらながら、言い尽くされてきたこれ以外にはないのです。その基本姿勢を正さないといけない国にはそれを問うてみればいいのです。

自国の利益ばかりを考える外交はやがて軋轢《あつれき》を生みます。隣国を恨みつらみで許さないと、いつまでも外交の基盤に据えている国の民は果たして幸せだと言えるのでしょうか？　宗教の違いを認めないことは「尊重」できないことです。そのような寛容さがない人たちは幸せでいられるのでしょうか？　「怒る」ことで支配することは、ある意味簡単なことです。しかしマイナスのオーラが幸せな世界を創ることはできようはずがないと思います。

私たち日本人は原爆を落とされても「許し」があり、何事にも寛容な民族性があります。いろんな自然災害にも果敢に立ち上がり改善する知恵と勇気があります。自分たちが悲しかった経験を生かして、他国の困難を救いたいと願い行動する「慈愛」があります。相手のことを思いやる「おもてなし」の精神に日本を旅行した外国人は感動して帰ります。

これら全ては、やはり「地球を救う民として選ばれし民」だからだと思います。本書ではいろんな方向から検証して、古代に「本当の平安京」を創りなさいという神様の命を受けて出発した彼らの高い意識が、脈々と今日まで波動として我々の心に住みついたものなのだろうと思われます。

私たちは、これからすることがたくさんあります。過激派組織に行かなければ自分の価値が分からないなんてことはありません。隣人や自分の子どもをいじめたり、殺《あや》めたりすることは「選ばれし民」のすることではありません。どういう風に生きていくべきか、そういう指標になれば、本書がこの世に誕生した甲斐があったと思います。さぁ、私たちから始めましょう「Our story」を！

参考資料として記載された本には、戦後から東京大学を中心にすでに、古文書全巻、全国の過去帳、社寺文書など、膨大な数の資料で考察されてきたものを、そのまま証明資料として文章に多く使用させていただきました。また本書は今なお阿波の歴史を研究し語り部となっている多くの人たちの御助力の賜物であることに感謝しています。彼らは奈良の前に阿波の歴史があったことを知ってもらおうと一生懸命活動されています。それから、『アヴェ・マリアのヴァイオリン』の出版までの間、私の陰日向となり、よからぬ人たちから私を守り支えてくださったスーパーマン渡嘉敷治夫《とかしきはるお》さんという人がいます。彼の御先祖は琉球王朝時代の御典医で、流行り病を抑えた結果、王様から「渡嘉敷島《とかしきじま》」を拝領しました。ところが、面白いことに古代阿波の人たちが既にここを占領していたのです。この渡嘉敷島の中心都市は「阿波連《あはれん》」という地名です。ただ地名で残っているだけで、渡嘉敷氏すらその名前の由来を知りませんでした。

こうして古代阿波の人たちの恩恵を私が受けることになったのです。これもかなり不思議な縁なのです。

最後に、重いカメラやパソコンをリュックに詰めて数多くの史跡を検証して歩いて下さった、シュネラー元編集長・長谷川洋氏に厚く御礼申し上げます。

徳島に御興味を頂いた方（旅行の問合わせ先）

①「阿波の聖地を巡るセミナーツアー」㈱アイウィルビー教育事業部

０３－６３２４－７３００　担当　松前兼一

０９０－３１８６－１８０２

mail：matumae@iwillbe.co.jp

年間三回程度阿波旅行を開催しています。春分の日の頃と五月の若葉の美しい季節と秋分の日の頃です。人数をまとめてもらえば、ご自分のグループだけでの開催も受け付けています。

メッセージ　阿波は日本の古代史の神さますべての源がある特別な場です。日本人のルーツを探る旅をしながら、阿波から発信されるメッセージを現在に生かし未来を見つめる旅になればと思い、心を込めて特別な聖地へお連れします。

②阿波のさらに詳しい旅行・講座は…
NPO法人　阿波国古代研究所　代表　笹田孝至
事務局　武村璋彌
090−7570−8051
mail：awa-kodai@mf.pikara.ne.jp

③阿波古事記研究会
検索でフェイスブックやユーチューブ講座もございます。また講演会も開催しています。フェイスブック「吾波《あは》新聞」におよその予定は載せています。
問い合わせ先　090−8282−0328　三村まで

参考文献類（出版社、発行年は省略させていただきました）

岩利大閑『道は阿波より始まる』その一〜その三（微古雑抄引用を含む）
保田兵治郎『建国日本秘匿史の解析と魏志倭人伝の新解訳』
杣浩二『四大文明の神は聖書の神』
杣浩二『日本古来の神仏は「イスラエルの神」』。
Koji Soma『The Traces of Jews In Ancient Japan』
アビグドール・シャハン『古代日本に辿り着いたユダヤ人の足跡。失われた十部族の足跡―イスラエルの地から日本まで』（杣浩二監修／小久保乾門訳）
ミシェル・パストゥロー『紋章の歴史』
エリ・エリヤフ・コーヘン『大使が書いた日本人とユダヤ人』（青木偉作訳）
エリ・エリヤフ・コーヘン『ユダヤ人に学ぶ日本の品格』（青木偉作訳）
エリ・エリヤフ・コーヘン『驚くほど似ている日本人とユダヤ人』
フランシス・フクヤマ『歴史の終わり（上・下）』（渡部昇一訳）
菊川征司『9・11テロの超不都合な真実』

菊川征司『闇の世界金融の超不都合な真実』
大杉 博『倭国研究会会報』
大杉 博『邪馬台国はまちがいなく四国にあった』
大杉 博『古代ユダヤと日本建国の秘密―消えた「ユダヤの秘宝」と四国剣山の謎』
大杉 博『聖櫃アークと日本民族を守った大和朝廷―大和朝廷の大秘密政策』
大杉 博『邪馬台国の結論は四国山上説だ』
高根正教『ユダヤ民族の寶庫 世界の謎・江の島』(四国剣山顕彰学会/日本古史明徴会編纂)
高根正教『四国剣山千古の謎―世界平和の鍵ここにあり―』
島田正路『コトタマ学入門』
島田正路『古事記と言霊』
栗嶋勇雄『四国剣山に封印されたソロモンの秘宝』
宇治谷孟『続日本紀全現代語訳』(上・中・下巻)
狩野直禎・西脇常記訳『漢書郊祀志』
大木康訳『現代語訳史記』
笹田孝至『阿波から奈良へ、いつ遷都したのか』
地中 孝『神山の啓示録』
そのほか、旧約聖書(各小預言書)、新約聖書(各小預言書)など多数

香川宜子　かがわ よしこ
徳島市生まれ。内科医師、小説家。
1999年より執筆活動をはじめ、教育雑誌、医学雑誌などの長期連載、ラジオドラマ脚本など、活動は多岐にわたる。
2013年『アヴェ・マリアのヴァイオリン』（KADOKAWA）で小説家デビュー。2014年同作品が第60回青少年読書感想文全国コンクール課題図書に選定され2015年文庫になる。

ユダヤアークの秘密の蓋を開いて
日本からあわストーリーが始まります

第一刷　2016年1月31日

著者　香川宜子

発行人　石井健資
発行所　株式会社ヒカルランド
〒162-0821　東京都新宿区津久戸町3-11　TH1ビル6F
電話　03-6265-0852　ファックス　03-6265-0853
http://www.hikaruland.co.jp　info@hikaruland.co.jp
振替　00180-8-496587

本文・カバー・製本　中央精版印刷株式会社
DTP　株式会社キャップス
編集担当　棚谷俊文

ISBN978-4-86471-341-2

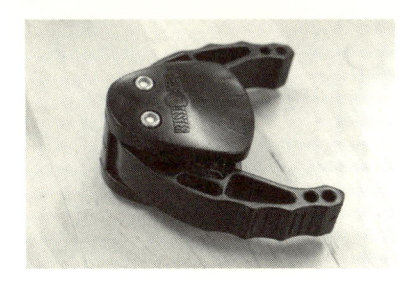

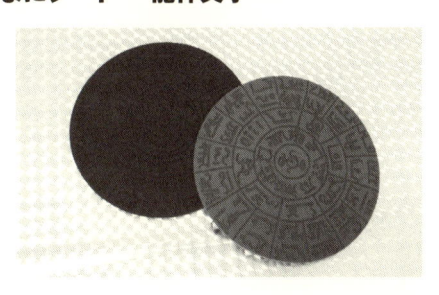

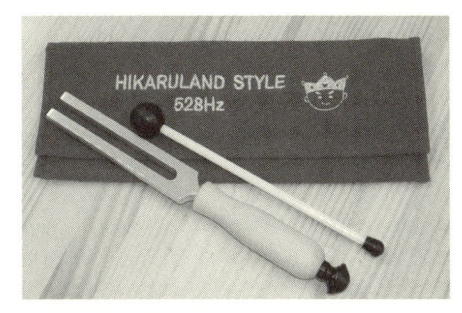

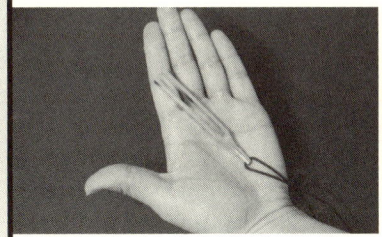

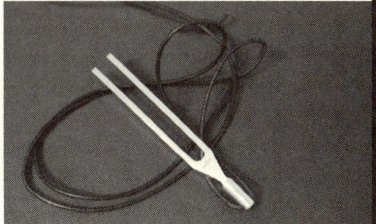

本といっしょに楽しむ ハピハピ♥ Goods&Life ヒカルランド

◉『天彌（あまみ）クラン』　ソフトカプセルタイプ

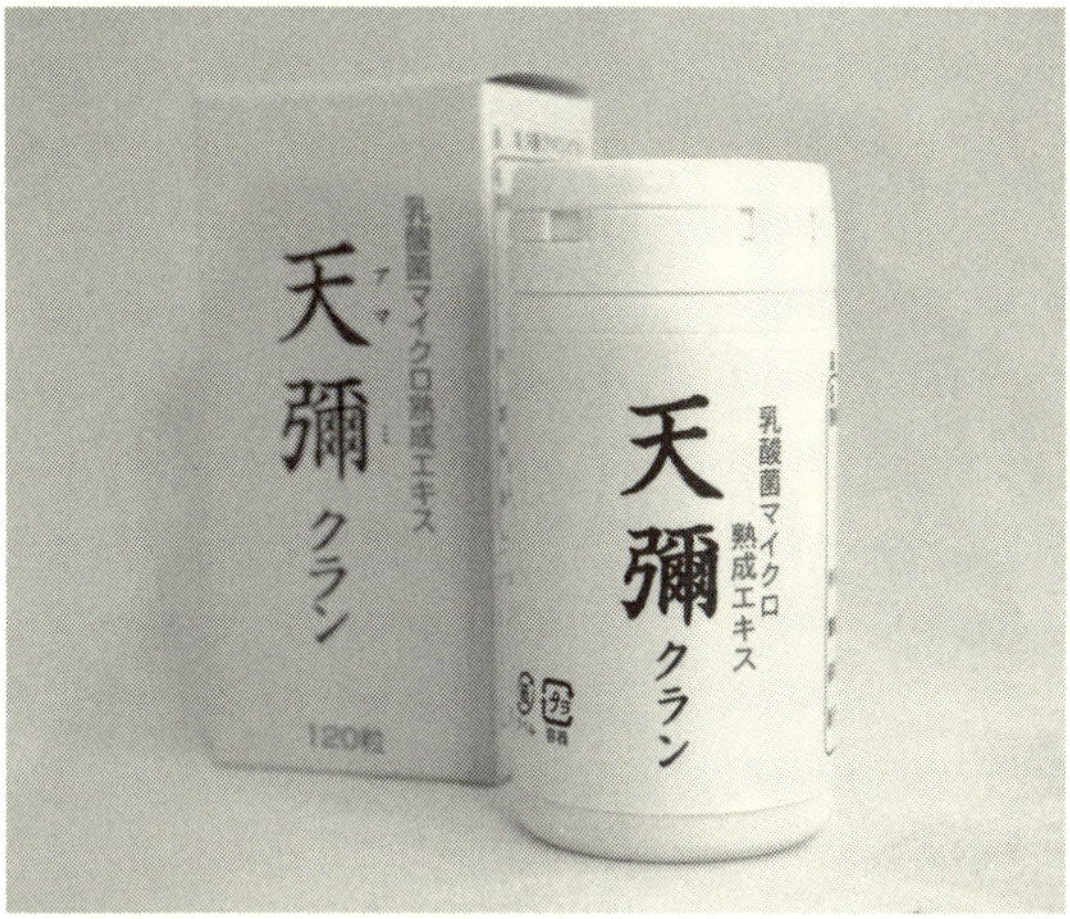

伝統的な発酵技術が生かされた【乳酸菌マイクロ熟成エキス】

身体全体の健康を維持するには“腸”の健康が不可欠です。【乳酸菌マイクロ熟成エキス】で腸内環境バランスを整え、腸管免疫システムを活性化！

◆天彌（あまみ）クランについて

天彌シリーズの中で最もポピュラーな製品がクランです。主原料である乳酸菌マイクロ熟成エキスを２倍に濃縮し、飲みやすい小さなソフトカプセルにしています。１カプセルあたり250mgのエキスが配合されています。

◆乳酸菌マイクロ熟成エキス　とは

有機無化学肥料大豆と天然湧水（非加熱）を培地にして、乳酸菌を含む数十種類の有用微生物と共棲発酵させ、微生物たちが最終のエネルギーを出し尽し活動を終えるまで２年以上発酵・熟成を繰り返して得られる発酵産生物エキスです。微生物たちの神秘的な発酵活動のさまたげにならないよう、添加物は一切使用しません。エキスは天然自然のエネルギーそのものです。

原材料名：大豆発酵熟成エキス、サイクロデキストリン（環状オリゴ糖）、ビタミンE、サフラワー油、ミツロウ、グリセリン脂肪酸エステル、カラメル
被包剤：ゼラチン、グリセリン
内容量：37.56ｇ（１粒重量313mg×120粒）

販売価格　12,000円（税別）
【お問い合わせ先】ヒカルランドパーク